国家出版基金项目
NATIONAL PUBLICATION FOUNDATION

中国竹器

ZHONGGUO ZHUQI DIYU ZHUQI

地域竹器

第四卷

张小开　孙媛媛　傅宝姬　张福昌　著

合肥工业大学出版社
HEFEI UNIVERSITY OF TECHNOLOGY PRESS

内容简介

本书为“中国竹器”丛书第四卷。由于我国地域辽阔，各地历史、文化和习俗不尽相同，因而呈现出的竹器形式也有所不同。本书以图片为主，展示了我国不同地域的主要竹器形式（所选竹器均以仍在使用的竹器为主），内容包括浙江、江苏、安徽、福建、江西、贵州、重庆、四川、广西、广东、云南、湖南、湖北、上海、河南、陕西、海南、西藏、台湾等竹产区的竹器，同时还简略地介绍了北京、天津、河北等非竹产区的竹器，并对每个地域的竹器品牌、主要竹器及其特色、相关竹文化等进行了概括的说明。

图书在版编目（CIP）数据

中国竹器. 第四卷, 地域竹器 / 张小开等著. —合肥 : 合肥工业大学出版社, 2019.4
ISBN 978-7-5650-4469-4

Ⅰ. ①中… Ⅱ. ①张… Ⅲ. ①竹制品 – 介绍 – 中国Ⅳ. ①F768.5

中国版本图书馆CIP数据核字(2019)第066848号

中国竹器·地域竹器

项目负责人：钟小要
策　　划：汤礼广
责任编辑：汤礼广　马成勋
责任校对：江　鼎　孙南洋
责任印制：郑　洁　樊珊珊
出　　版：合肥工业大学出版社
地　　址：合肥市屯溪路193号
邮　　编：230009
网　　址：www.hfutpress.com.cn
发　　行：全国新华书店
印　　刷：安徽联众印刷有限公司
开　　本：889mm × 1194mm　1/16
印　　张：27
字　　数：290千字
版　　次：2019年4月第1版
印　　次：2019年5月第1次印刷
标准书号：ISBN 978-7-5650-4469-4
定　　价：150.00元
市场营销部：0551-62903198

序 言

古往今来，每一个伟大民族都有自己博大精深的文化，每一个国家都把文化作为推动社会发展进步的重要力量之一。中华民族是一个勤劳和富有智慧的优秀民族，其所孕育出的灿烂文化，经历了五千年的文明发展，如今愈加光彩夺目。中华文化是中华民族伟大复兴取之不尽、用之不竭的力量源泉，是国家核心竞争力的重要因素。历史告诉我们，对我国传统文化资源的挖掘、整理、保护、继承和开发是繁荣我国文化的重要途径，是构建新时代国家新文化体系的重要保障，是推动我国建立高度文化自信的前提，更是新时代全体中国人肩负的重要历史使命。

在我国丰厚的文化遗产中，竹器及竹文化是我国传统文化的重要代表之一。英国著名科学史学家李约瑟（Joseph Needham）在其巨著《中国科学技术史》中指出，东亚文明为“竹子文明”，中国为“竹子文明”的国度。这体现了中国竹文化在世界文化史上的独特形象和重要影响。

国际竹藤组织（International Bamboo and Rattan Organisation，简称 INBAR）的文章《世界竹类资源概况》指出：全球的竹产业已发展成为一个与约 25 亿人的生产、生活密切相关且年产值近 50 亿美元的产业。全球竹子约有 150 属、1225 种。目前全世界竹林面积已达 2200 万公顷，占森林面积的 1% 左右。尽管全球森林面积急剧下降，但竹林面积却以每年 3% 的速度递增，年竹材产量 1500 万～ 2000 万吨。世界竹子分布区可分为亚太竹区、美洲竹区和非洲竹区三大竹区。其中，亚太竹区是世界竹子的分布中心，竹林面积占世界竹林面积的 45% ，竹种资源占世界竹种资源总数的 80%。

竹产业是一个历史悠久和全球公认的绿色产业，拥有巨大的经济价值、生态价值和文化价值。在当今全球气候变暖、木材资源短缺的背景下，研究我国竹产业和竹文化对传承传统文化、减轻环境问题和资源短缺问题带来的压力以及解决竹产区的就业问题、消除贫困、振兴地域经济具有重要的学术价值和现实意义。

我国是世界上竹类资源最丰富的国家，现有竹类植物 500 多种，竹林面积达 720 万公顷。竹产业涉及建筑、建材、家居等多个领域，竹产品形成 100 多个系列，数千个品种；竹产业与花卉业、森林旅游业、森林食品业一起，成为中国林业发展中的四大朝阳产业。据不完全统计，中国竹产业产值 1981 年仅有 3.49 亿元，但到 2015 年竹产业产值就达 1923 亿元，每年以 20% 的速度增长。我国竹产业不仅成为我国经济新的增长点，而且带动了世界各地竹产区竹产业的发展。

我国是竹材利用历史最悠久、应用领域最广泛的国家。考古资料证明，我国先民在新石器时代初期就已开始用竹材制造竹器。目前我国发现较早的竹器实物有距今 6800 ～ 7800 年的湖南洪江高庙遗址出土的竹篾垫子，距今 6000 ～ 7000 年的浙江田螺山遗址出土的竹编器物以及距今 4700 ～ 5200 年的浙江钱山漾遗址出土的 200 余件各式竹筐、竹篓、竹簸箕，等等，显示了我国古代先民很早就掌握了竹器的制作和使用技术。商周时代的铜矿竹器和竹乐器、汉代马王堆墓的漆绘龙纹勺、魏晋南北朝时期典籍记载的竹器、唐代的竹椅与尺八、宋代斗茶专用的竹茶具、明代的嘉定竹刻、清代的江浙竹篮等，显示了我国竹器及其文化不断繁荣和发展的历史，并由此证明我国是名副其实的“竹子文明”的国度。

中国竹器在跨越七千年的历史发展过程中，不但产生了很多竹器类型和品种，而且形成了我国特有的竹文化内涵。例如，《诗经 · 卫风 · 淇奥》开创了“以竹比德”的先河；至魏晋时期，书法家王徽之对竹感叹“何可一日无此君”；唐代以李白为代表的“竹溪六逸”高风绝尘；宋代苏轼有“宁可食无肉，不可居无竹。无肉令人瘦，无竹令人俗”的诗句；明代有松竹梅“岁寒三友”和梅兰竹菊“四君子”；清代郑板桥喜欢画“胸中之竹”；等等。竹器在传承和发展过程中，竹文化的内涵不断升华，竹子成为中华民族追求崇高人格品质和民族气节的象征。这从文化和精神层面上再次证明了中国是“竹子文明”的国度。

这套“中国竹器”丛书分为《中国竹器 · 竹器历史》《中国竹器 · 竹器设计》《中国竹器 · 竹器品类》和《中国竹器 · 地域竹器》四卷，分别从中国竹器的历史发展、造物与设计规律、品种类别、地域分布与特点等不同维度全面归纳整理和分析阐述中国竹器的物质与非物质文化特征，较为系统地总结中国七千年竹器发展的历史，探讨传统竹器的造物思想与设计规律，阐述现代竹产业的设计思想、发展方向、转型途径与方式等。“中国竹器”丛书四卷相对独立，又互为整体。

“中国竹器”丛书的研究定位就是挖掘、归纳、整理中国竹器造物及竹文化的系统资源，努力探索和搭建中国竹器造物及竹文化的理论框架体系，传承、丰富和繁荣中华民族传统竹文化，同时为推动我国竹产业高质量和可持续发展提供有益的历史经验。

“中国竹器”丛书始于 2004 年张小开博士《多重设计范式下竹类产品系统的设计规律研究》的论文选题。“中国竹器”丛书作者之一的张小开博士在毕业后不但没有中断论文选题的研究，而且不断扩大选题研究范围和领域，确立更高、更系统的研究方向和目标。他不仅刻苦地检索和查阅历史文献，同时还历尽千辛万苦深入全国各地竹产区进行实地考察、调研与走访，几乎走遍了中国所有的竹产区以及部分非竹产区，获取了大量有关中国竹器现状的第一手珍贵资料，并遴选典型的竹器品类和不同地域竹器，初步构建了中国竹器的品类体系，并总结了中国竹器的地域分布特征。在研究的过程中，他与参与本书写作的作者精诚合作、全力以赴，还得到近百个单位和个人为课题研究提供的无私帮助。经过前后近十五年的努力，数十人的共同协作，终于迎来了“中国竹器”丛书的出版。

“中国竹器”丛书的出版虽填补了国内外关于中国竹器研究的空白，但由于我国竹文化源远流长，博大精深，本丛书的研究只是从竹器造物的角度窥其一斑，书中涉及的竹器种类和数量也只是我国竹器中的沧海一粟，因此本书仍存在诸多不足之处：关于各个历史时期的竹器还缺乏翔实的考古出土实物资料给予有力佐证；关于现代竹产业在后工业文明时代的创新发展思路研究，所提供的我国竹产业转型升级与创新实践的案例还不够丰富；对竹产业中高科技产品的开发以及竹资源在新的领域的利用、创新设计还有待进一步探究；等等。当然，对这些问题的研究不可能一蹴而就，还需要进一步做细致、深入的工作。

“中国竹器”丛书不是对我国竹器与竹文化研究的终点，而是新的起点，希望这套丛书的出版，能够起抛砖引玉的作用，吸引更多的专家、学者及社会其他人士共同参与到竹器与竹文化研究和中国传统文化的保护与传承、振兴与创新发展研究之中。尽管我国竹产业的经济规模位于世界前列，但我们必须清醒地认识到我们对竹资源的开发利用还没有完全摆脱传统模式的束缚，竹产业基本上属于劳动密集型产业，生产效率低，易污染，产品质量不易控制，容易受到“技术壁垒”影响，等等，因此我国竹产业的转型升级和高质量发展任重道远。为使我国成为世界竹产业和竹文化的强国，为弘扬民族传统文化，振奋民族精神，希望“中国竹器”丛书的作者不忘初心，牢记使命，继往开来，再创辉煌。

江南大学设计学院教授、博士生导师

日本千叶大学名誉博士

張福昌 張福昌印

2019 年 3 月 18 日

目　录

绪论

一、我国竹类植物的地域分布

竹子是重要的生态、产业和文化资源。世界上的竹类植物约有150属、1225种，主要分布在热带和亚热带地区，少数种类分布在温带和寒带地区。竹类植物的分布按地理位置的不同可分为亚太竹区、美洲竹区和非洲竹区。我国是世界上最主要的产竹国，竹类资源、竹林面积、竹材蓄积量和产量以及竹产品对外贸易量均居世界首位，素有“竹子王国”之誉。据统计，我国有竹类植物39属、500多种。

我国竹类资源的分布十分广泛。有适于热带生长的合轴型丛生竹种、亚热带生长的单轴型散生竹种和高海拔高纬度地区生长的耐寒性强的复轴型混生竹种，这些竹种主要分布在北纬35°以南地区。天然竹林广泛分布于除新疆、内蒙古、黑龙江等少数省份外的28个省（市、自治区），集中分布于福建、浙江、江西、湖南、广东、安徽、湖北、江苏、海南以及中西部地区的四川、广西、贵州、重庆、云南、陕西、河南等16个省（市、自治区）的山区。由于各地气候、土壤和地形等因素以及竹种生物学特性的差异影响，我国竹子分布具有明显的地带性和区域性特征。

（1）黄河—长江竹区：位于北纬30°～40°，年平均温度12℃～17℃，降雨量600～1200毫米。主要有刚竹属、苦竹属、箭竹属、青篱竹属、赤竹属、巴山竹属等竹种。

（2）长江—南岭竹区：位于北纬25°～30°，年平均温度15℃～20℃，年降水量1200～2000毫米。本区是中国竹林面积最大的地区，主要有刚竹属、苦竹属、短穗竹属、大节竹属、慈竹属、方竹属等竹种。

（3）华南竹区：位于北纬10°～20°，年平均温度20℃～22℃，年降水量一般为2000毫米以上。本区是中国竹种数量较多的地区，主要有簕竹属、牡竹属、酸竹属、藤竹属、巨竹属、单竹属、茶秆竹属、泡竹属、薄竹属、梨竹属等竹种。

根据国家林业局《全国竹产业发展规划（2013—2020年）》的统计结果：截至2011年底，全国16个主要产竹省（市、自治区）的竹林面积达720万公顷，占全国土地总面积的0.7%，占森林面积的3.48%。其中，笋用竹林面积37.38万公顷，占竹林总面积的5.56%；纸浆竹林面积94.06万公顷，占竹林总面积的13.98%；材用竹林面积244.36万公顷，占竹林总面积的36.32%；笋材两用竹林面积162.17万公顷，占竹林总面积的24.11%；生态公益竹林面积125.57万公顷，占竹林总面积的18.67%；风景竹林面积5.05万公顷，占竹林总面积的0.75%。竹苗圃年产竹种苗1.2亿株，竹类公园数量43个，竹类植物园26个，盆景竹种苗面积181公顷。

1996年我国农业部评选出中国十大竹乡，它们主要分布在我国竹林资源丰富且竹文化历史悠久的竹产区，例如福建、江西、湖南、浙江、广东、安徽、贵州等省。自评选以来，以全国十大竹乡为代表的各地竹产业得到了迅速发展。

2011年我国主要竹产区的竹林面积及十大竹乡分布如表1所列。

表 1 2011 年我国主要竹产区的竹林面积及十大竹乡分布

省份	竹林面积（万公顷）	十 大 竹 乡
福建	104.15	建瓯市、顺昌县
江西	98.65	崇义县、宜丰县
四川	86.00	
湖南	84.72	桃江县
浙江	83.19	安吉县、临安市
广东	65.14	广宁县
广西	34.09	
安徽	34.00	广德县
湖北	23.91	
云南	19.35①	
贵州	10.65	赤水市
陕西	11.73	
重庆	11.18	
江苏	3.12	
海南	1.65	
河南	1.24	

注：①根据国际竹藤中心、云南省林业厅《云南省竹产业发展规划（2014—2020 年）》中统计的数据，云南省现有竹林面积 756.8 万亩，达到 50.45 万公顷。

二、我国竹产品产量的地域分布

我国的竹产品涉及传统竹制品（建材、日用品、工艺品）、竹材人造板、竹浆造纸、竹纤维制品、竹炭和竹醋液、竹笋加工品、竹子提取物等 10 大类，有几千个品种。根据国家林业局《全国竹产业发展规划（2013—2020 年）》的统计结果：截至 2011 年，全国竹材产量 15.39 亿根，加工竹笋 166 万吨，竹材人造板产量 250.5 万吨，竹地板产量 77.96 万立方米，竹浆产量 152.09 万吨，竹制日用品产量 263.9 万吨，竹家具产量 674.85 万件，竹纤维制品产量 9.63 万吨，竹产业总产值达 1173 亿元。

在国家对竹产业的统计中，同竹器有关的竹产品主要有竹制日用品、竹家具、竹材人造板、竹地板等品种。2011 年我国主要竹产区的竹产品产量如表 2 所列。

表 2　2011 年我国主要竹产区的竹产品产量

省　份	竹制日用品产量（万吨）	竹家具产量（万件）	竹地板产量（万立方米）	竹材人造板产量（万吨）
浙江	75.7177	110.4	7.6	33.684
湖南	70	60	4.76	49
福建	59.5113	6.69	19.06	46.5346
江西	17.6943	41.54	11.43	11.025
四川	12.5773	85.31	14.22	58.8
安徽	12.1626	8.33	1.88	36.1771
广东	8.26	1.89	0.79	2.233
广西	4.1424	164.71	0.16	1.2542
湖北	1.2521	11.95	16.42	0.7385
贵州	1.1631	17.83	—	0.028
陕西	0.8044	7.2	—	—
云南	0.5011	—	1.43	1.785
重庆	0.1106	159	0.21	9.24
合　计	263.8969	674.85	77.96	250.4994

根据国家林业局的上述统计数据，可以看出我国竹制日用品的产量呈现两极分化，产量最高的是浙江、湖南和福建三省，其他各省的产量要远低于这三省。其中，作为我国主要竹产区的江西、四川和广东等地的竹制日用品产量，远低于其作为主要竹产区的竹林总量。

竹家具的产量则呈三个梯队，其中排在第一梯队的是广西和重庆，其产量要远大于其他地区；排在第二梯队的是浙江、四川、湖南、江西等地区；其他地区位列第三梯队，竹家具的产量较少。

竹地板以福建、湖北、四川、江西等地的产量较大，其他地区的产量较小。

竹材人造板是竹制的各种集成材，主要产地集中在四川、湖南、福建、浙江和安徽等地，这五地的竹材人造板的产量占全国很大的比例。

综合比较，浙江、福建、湖南是我国竹产品生产最为集中的地方，特别是浙江省，其在竹制日用品、竹家具、竹材人造板等竹产品生产方面均占优势。

三、我国各地代表性传统竹器

由于现代新型工业进入竹器生产领域的时间不长，所生产的竹器还未形成全国或区域知名的品牌，因此下面介绍的主要是我国各地有代表性的传统竹器品牌，其主要特色见表 3 所列。

表 3　我国各地代表性传统竹器品牌及其主要特色

序号	传统竹器品牌	主要特色	所在地区	数量
1	青神竹编	历史悠久（千年以上），主要竹器有精细竹编、宫扇等，属国家级非物质文化遗产。	四川眉山	8
2	道明竹编	历史悠久（千年以上），主要竹器有精细竹编，属国家级非物质文化遗产。	四川崇州	
3	邛崃瓷胎竹编	始于清代，主要竹器有精细竹编、瓷胎竹编等，属国家级非物质文化遗产。	四川成都	
4	渠县刘氏竹编	历史悠久（千年以上），主要竹器有精细竹编、瓷胎竹编、竹编画等，属国家级非物质文化遗产。	四川达州	
5	自贡龚扇	始于清代，晶莹透亮，宛如纨绢，属国家级非物质文化遗产。	四川自贡	
6	安岳竹编	340 多年历史，主要竹器有精细竹编、竹席等。	四川资阳	
7	崇庆竹编	300 多年历史，结构紧密，结实耐用。	四川成都	
8	石洞竹编	主要竹器有竹编字画、瓷胎竹编等，属省级非物质文化遗产。	四川遂宁	
9	嵊州竹编	历史悠久（千年以上），主要竹器有精细竹编、工艺竹篮等，属国家级非物质文化遗产。	浙江绍兴	4
10	东阳竹编	历史悠久（千年以上），主要竹器有精细竹编、走马灯等，属国家级非物质文化遗产。	浙江金华	
11	四明山竹编	历史悠久（千年以上），主要竹器有各式竹篮，属市级非物质文化遗产。	浙江宁波	
12	宁海竹编	竹编器具结实、耐用，主要竹器有套篮、针线箩、提篮等，属市级非物质文化遗产	浙江宁波	
13	武穴竹编	历史悠久（千年以上），竹器县、竹编、竹雕三位一体，属国家级非物质文化遗产。	湖北黄冈	2
14	潜江竹器	主要竹器有竹床、竹椅等，属省级非物质文化遗产。	湖北潜江	
15	瑞昌竹编	历史悠久（千年以上），主要竹器有“三宝”（斗笠、丝箩、米筛），属国家级非物质文化遗产。	江西九江	3
16	井冈山竹编	属省级非物质文化遗产。	江西吉安	
17	荷塘乡竹编	属省级非物质文化遗产。	江西景德镇	
18	湘西竹编	始于清代，主要竹器有精编竹背篓，属省级非物质文化遗产。	湖南湘西	4
19	梅山竹编	主要竹器为竹篾体文字竹编。	湖南梅山	
20	宝庆竹刻	始于明代，主要竹器为翻黄竹刻，属国家级非物质文化遗产。	湖南邵阳	
21	益阳小郁竹艺	始于明初，主要竹器为“竹城三绝”（水竹凉席、小郁竹器、竹骨纸伞），属国家级非物质文化遗产。	湖南益阳	

（续表）

序号	传统竹器品牌	主要特色	所在地区	数量
22	大足竹编	始于明末，主要竹器有竹席等。	重庆	2
23	梁平竹帘	历史悠久（千年以上），主要竹器有竹帘、竹帘画等，属国家级非物质文化遗产。	重庆	
24	金溪竹编	主要竹器有和平鸽果盒等。	广西抚州	4
25	浦北竹编	始于明代，主要竹器有竹笠帽、竹套盆等。	广西钦州	
26	毛南族花竹帽	始于明清时期，主要竹器为花竹帽，属国家级非物质文化遗产。	广西河池	
27	灵山竹编	始于清末，以精细见长，主要竹器为竹编壶、竹编水杯等，属广西壮族自治区区级非物质文化遗产。	广西钦州	
28	安溪竹编	历史悠久（千年以上），属国家级非物质文化遗产。	福建泉州	2
29	莆田留青竹刻	始于清代，主要竹器为留青竹刻，属国家级非物质文化遗产。	福建莆田	
30	傣族竹编	历史悠久，主要竹器有笆箩、竹编漆器等。	云南德宏	1
31	洛宁竹编	历史悠久（千年以上），属省级非物质文化遗产。	河南洛阳	2
32	博爱竹器	历史悠久（千年以上），主要竹器有许良竹椅、泗沟篦、牛磨门帘、南道篮、辛庄簸箩、中道耙、下水磨竹筷、冯竹园筐等，属省级非物质文化遗产。	河南焦作	
33	徽州竹雕	始于明清时期，属国家级非物质文化遗产。	安徽黄山	2
34	舒席	始于明代，主要竹器为贡席，属国家级非物质文化遗产。	安徽六安	
35	三穗竹编	始于明末，主要竹器为瓦寨斗笠。	贵州黔东南	1
36	华州竹编	始于明代，西部地区竹编，属省级非物质文化遗产。	陕西渭南	1
37	惠州竹编	主要竹器有竹帆船、挂壁花瓶等。	广东惠州	1
38	嘉定竹刻	始于明代，深刻（高、深、透），属国家级非物质文化遗产。	上海	1
39	金陵竹刻	始于明代，有浅刻、简刻等工艺。	江苏南京	1
40	门巴竹编	300 多年历史，色彩绚丽，主要竹器有“邦穹”（扁圆形竹器）、“休差”（圆柱形竹器）、“休斯贡”（方形竹器）。	西藏林芝	1
41	庄浪竹编	中国最西北地区的竹编。	甘肃平凉	1
42	孙村竹编	非竹产区的竹编，主要竹器有竹挂帘、竹扇面、竹饰物等。	山东泰安	1

我国地域广袤，竹器产地众多，因而形成竹编、竹刻等竹器集聚的品牌效应。从表 3 中可以看出，在我国不同的地域，至少有 42 个有代表性的特色竹器或竹器品牌，涉及的省份达 19 个之多。其中四川的特色竹器有 8 个，浙江、湖南和广西的特色竹器各有 4 个，江西的特色竹器有 3 个，湖北、重庆、福建、河南和安徽的特色竹器各有 2 个，其他的如云南、贵州、陕西、广东、上海、江苏、西藏、甘肃、山东等省（市、自治区）的特色竹器各有 1 个。

这些代表性的地域竹器大部分都有着悠久的历史，其中具有千年以上历史的地域竹器就达到 12 个，体现了我国各地域竹器一般都具有深厚的历史沉淀和文化渊源的发展特点。由于这些地域竹器是经过历史沉淀留存至今的，因此，它们的特色十分鲜明，带有浓厚的地域特色。在竹材的选择上它们都是以当地出产的竹材为原材料，它们满足了当地人民群众对这类竹器的需求。

地域竹器的影响力很大。在全国各地的地域竹器中入选国家级非物质文化遗产的项目有 17 个。有些地域竹器，如青神竹编、嵊州竹编、邛崃瓷胎竹编等不仅在国内知名，而且其产品还远销海外。

上述 42 个地域竹器，大部分都分布在竹产区，只有 1 个是在非竹产区，它就是山东泰安的孙村竹编，这是比较特殊的一个。孙村竹编使用的竹材需要从外地购置，生产的竹器却成了品牌竹器，这种独特的竹器发展模式为我国其他非竹产区的地域竹器的发展提供了值得借鉴的经验。

地域竹器主要集中分布在竹产区，其中长江以南的沿海地区地域竹器的数量最多，另外，四川作为我国西部的主要竹产区也有丰富的地域竹器资源。我国西北部虽然竹林面积较小，竹林分布零星，也不是我国主要的竹产区，但基于竹资源为基础的特色竹器却至今仍然存在，并形成独特的地域竹器品牌，如门巴竹器是我国最西部的地域竹器，庄浪竹器则是我国最西北部的地域竹器。

我国传统的地域竹器基本上以竹编类竹器为主，竹编类竹器主要分为日用竹器和竹编工艺品两个大类。传统的地域竹器中还有竹刻、竹雕和小郁竹器、博爱竹器等非竹编类的竹器。小郁竹器是典型的以小直径竹竿为基础的竹器。竹刻和竹雕则是传统地域竹器中以工艺品为主的一种，它们在我国分布的地方并不多，全国只有嘉定、金陵（今南京）、徽州（今安徽）、宝庆等地制作这类竹器。

（1）青神竹编

2008 年，四川青神竹编被列入国家级非物质文化遗产保护名录。

2012 年，四川青神竹编被原国家质量监督检验检疫总局批准为“中国国家地理标志保护产品”。

四川青神竹编历史悠久，源远流长。据《蚕丛氏的故乡》记载，早在 5000 多年前的新石器时代，青神县的先民便开始用竹材编簸箕养蚕，还编织一些其他竹器用于生产和生活。

依据史料记载，唐文宗太和年间，荣县人张武率家族一百多人于青神县编织竹篓拦鸿化堰，并凿山开渠、引水灌溉农田。那时，青神县民间还常用竹子剖成篾条（片）编竹席晒东西、编簸箕养蚕、编篼筐盛物、编竹扇扇凉风等。

10 世纪—13 世纪的宋代，青神篾工巧匠们开始学编宫扇，并将其称为“东坡宫扇”，青神宫扇从此出名。随着民间竹编用品的增多，在青神县还逐渐形成了竹制品的专门市场。

14 世纪—17 世纪的明代，青神人余承勋考中进士，朝廷授其翰林院修撰。他进京做官时用的竹编书箱、膳食盒就是用很细的竹丝编织而成的，其样式非常精美，现收藏于中国竹编博物馆。

清代光绪年间，青神的竹编工艺水平有了明显提高。宫扇被列为朝廷贡品，其中的一把宫扇现收藏于沈阳故宫博物院。由于养蚕业的迅速发展，青神因此成了当时“西南第二大丝市”，养蚕用的竹簟、簸箕、背篼、筛子等竹制品需求量很大。

民国时期，青神竹编工艺水平又有了进一步的提高，人们开始在扇面上编花、编字。抗日战争时期，县内进步人士组织了几十名竹编巧手，用细竹丝编成斗笠，还在其边沿写上“抗战到底”字样，用以慰劳抗日将士。同时，青神养蚕业也继续发展。1933 年，全县蚕茧产量达 34 万千克，汉阳古镇还办起了大型缫丝厂。蚕丝经乐山、成都运出川外，青神养蚕的晒簟、簸箕也大量销售到外地。彼时，青神县家家户户都有竹编器具。

1949 年新中国成立后，青神竹编除了保留传统的晒簟、簸箕、箩筐、篼、篮、粮囤、蒸笼、渔具等 30 多种竹编的生产和生活用具外，还开发了凉席、枕席、竹水瓶壳、工艺竹扇等竹编用品。20 世纪 60 年代—70 年代，青神相继出现了供花鸟鱼虫市场使用的竹编新产品。当时采用的是“坐标式”编织方法，这标志着青神平面竹编工艺又上了一个新台阶。20 世纪 80 年代后期至 90 年代中期，青神竹编发展到鼎盛时期，开发的新产品种类创历史最高纪录，共有 7 个系列 3000 多个品种。竹编艺人用薄如蝉翼、细如发丝的竹丝编织出了艺术含量极高的竹编字画等惊世之作，如《中国百帝图》《清明上河图》等。2010 年青神建立了中国唯一的竹编艺术博物馆，馆内陈列着青神竹编从低端到高端的各类艺术品。青神人将又薄又细的竹丝做成了神奇的竹编精品，将小资源做出了大品牌，竹编已经成为青神新农村发展的支柱产业之一。

近年来，青神县共开发出平面竹编、立体竹编、套绘竹编 3 大类 8 大系列 3000 余个竹编品种，很多产品远销欧洲、美国、澳大利亚以及东南亚等 50 多个国家和地区。2010 年，全县从事竹编产业的农民达 6000 余人。联合国教科文组织专家波拿教授称青神竹编为“竹编史上的奇迹，艺术中的艺术”。

（2）嵊州竹编

2006 年，浙江嵊州竹编经国务院批准，被列入第一批国家级非物质文化遗产保护名录。

2000 多年前的战国时期，勤劳聪慧的嵊州人就利用竹篾编制简易的用具，还编织出方格纹、米字纹、人字纹等纹样。至汉代和两晋时期，嵊州竹编工艺渐臻精细。明清两代，嵊州竹编工场生产的竹制品已相当精致，竹编已成为民间不可缺少的生活用品，并销往现今的杭州、上海、南京等地，嵊州竹编还成为国内著名的民间工艺品。清光绪年间，嵊州出现竹编作坊，专门编制挈篮、考篮、香篮、食篮、食篮、鞋篮等细篾竹器。

20 世纪 80 年代初，嵊州市常年从事竹编行业的有 3 万多人，形成了一批从事竹编生产的专业企业和专业村、专业户。到 1988 年，嵊州已研制和开发出 360 多种编织图案 6000 多个花色品种，创新了漂白、花筋、蓝胎漆、防蛀、脱脂、模拟动物等六项工艺，享有“中外竹编第一家”之美誉，被国务院命名为“中国竹编之乡”。

嵊州竹编通常取材于当地盛产的各种坚韧挺拔的翠竹，如水竹、旱竹、毛竹等。劈成的篾丝细如发、篾片薄如纸，可以编成各种各样的造型。嵊州竹编以编织精巧、工艺繁杂、花色丰富著称。嵊州竹编有篮、盘、罐、盒、瓶、屏风、动物、人物、建筑物、家具、灯具、器具等 12 大类 6000 多个花色品种（如图 1、图 2 所示）。其制作工艺较为复杂，一般要经过设计、造型、制

图 1 嵊州竹编作品（一）

图 2 嵊州竹编作品（二）

模、估料、加工竹丝篾片、防蛀防霉、染色、编织、雕花配件、装配、油漆等工序，仅竹丝篾片加工就有剖青、锯竹、卷竹、剖竹、开间、烤色、劈篾、劈丝、抽篾、刮丝、刮篾等众多步骤，编织技法更有龟背、插筋、弹花、穿丝等一百多种。嵊州竹编的编织方法粗细并存，细者能在一寸长度内编进 150 根竹丝，精巧细腻，成品薄如蝉翼；粗者能充分利用竹材的弹性，巧插灵编，粗犷豪放，工艺质朴。

在嵊州竹编艺人创新的漂白、花筋、蓝胎漆、防蛀、脱脂、模拟动物等六项工艺中，竹编模拟动物、竹丝篾片漂白、篾片烫印花筋和蓝胎漆为首创工艺。

(3) 道明竹编

1996 年，文化部命名四川省崇州市道明镇为中国民间艺术“竹编工艺之乡”。

2011 年，道明竹编被原国家质量监督检验检疫总局批准为“中国国家地理标志保护产品”。

2014 年，道明竹编入选第四批国家级非物质文化遗产保护名录。

据《华阳国志》记载，远在 2000 多年前的秦朝，道明镇的群众就已经开始种竹和用竹了，例如用竹子扭绳、作架、编壁、造屋以及编织背篓、撮箕、挑篼等。到了清代，道明竹编逐渐由粗篾器编织发展到细篾器编织，品类也逐渐丰富起来，编织工艺水平有了很大提高，篓、箕、篼、筛等竹编生活器物畅销川西。《崇庆县志》有清代道明竹编“所作竹器最繁，夙称优美”的说法。民国时，道明竹编获得进一步的发展，并驰名省内外。

道明竹编是竹编艺人精心选择 2 ～ 3 年生的慈竹，去头弃尾，选用中间几节色泽一致、无斑点、节长质细的部分，下料成竹筒，然后刮青去节，破成粗细均匀、厚薄一致的竹片和竹丝。

道明竹编有以下特色：

①工艺特色。编制产品时，大体按起底、编织、锁口三道工序循序渐进。在编织过程中，以经纬编织为主。在经纬编织的基础上，还穿插各种技法，如疏编、插、穿、削、锁、钉、扎、套等，使编出的图案变化多样。如果需要配以其他色彩，则将竹片或竹丝用天然植物染料染色后互相插扭，以形成各种色彩对比强烈、鲜艳明快的花纹。

②风格特色。道明竹编的特殊工艺，使其产品形成了一个共同风格，那就是平面竹编和立体竹编的经纬比例恰当、图案清晰、色彩丰富、工艺精美；瓷胎竹编的选料精、竹篾细、贴胎紧、藏头密。

③实用特色。平面竹编的扇子、晒簟、凉席、枕席和瓷胎竹编的茶具、器皿等被广泛应用于日常生活，立体竹编的筐、篼、箩、篮等则是经久耐用的生产用品（如图 3、图 4 所示）。

④观赏特色。以字画为主的平面竹编深受文人雅士的喜爱。供装饰、包装用或供摆设用的立体竹编以及竹制旅游小商品等则具有生活用品和工艺品的双重价值。

（4）东阳竹编

2008 年，浙江东阳竹编入选第一批国家级非物质文化遗产扩展项目名录。

东阳竹编是产自浙江东阳的地方传统手工艺品之一，它与东阳木雕并称为浙江东阳地方传统工艺的两朵奇葩。

东阳的竹资源十分丰富，这为竹编业的发展提供了极为有利的条件。宋代东阳一带，以制作龙灯、花灯、走马灯为主，素有“竹编之乡”的称号。到了清代，《东阳县志》记载：“筀竹软可作细篾器，旧以充贡。”这表明东阳竹编已成为清廷贡品。清末至民国初期，匠人马富进编制的竹编产品最为有名。在 1929 年西湖博览会上马富进还获得了“竹编状元”奖匾。

东阳竹编的实用产品有篮、盘、包、箱、瓶、罐、家具等 20 多种；动物竹编产品有鸡、鸭、鹅、兔、狗等，形象夸张生动。东阳竹编较精细的作品，可在一寸见方的面积内，用 120 根细篾丝编成，它不仅造型生动，而且还富于变化。东阳竹编艺人马宣华编制的大型作品“香炉阁”，运用了三十多种编织技法，并辅以竹刻、镂雕、烫金等手法，其工艺特别精湛，曾陈列于北京人民大会堂浙江厅，后又在美国、日本、中国香港等地

图 3　道明竹编（一）

图 4　道明竹编（二）

展出。1984 年东阳大型竹编精品“九龙壁”荣获中国工艺美术“百花奖”最高奖——金杯奖，并被定为国家级珍品。

现东阳竹编产品有 21 大类 3000 多个花色品种，远销 60 多个国家和地区。

（5）邛崃瓷胎竹编

2008 年，邛崃瓷胎竹编入选第一批国家级非物质文化遗产扩展项目名录。

邛崃瓷胎竹编是成都地区独特的传统手工艺品，也是四川特产的一种，起源于清代中叶，当时主要用作贡品。由于世道艰辛，其技艺几乎失传，20 世纪 50 年代经重新发掘，得以恢复。瓷胎竹编产品技艺独特，以精细见长，具有“精选料、特细丝、紧贴胎、密藏头、五彩图”的特色。

邛崃瓷胎竹编的一般工艺流程：先选用上好的景德镇白瓷为胎，然后紧贴瓷器外表用竹丝进行编织和包裹（如图 5 所示）。瓷胎竹编对慈竹的选用比较讲究，一般是选择 2 ～ 3 年生、光滑无斑的上等慈竹，刮去竹子外面的青皮，用刀剖开，使之成为一块一块的竹片，然后进行晾晒。经过破竹、烤色、去节、分层、定色、刮平、划丝、抽匀等十几道工序，制作出精细的竹丝。瓷胎竹编所用竹丝断面全为矩形，在厚薄粗细上都有严格要求，厚度仅为一两根头发丝厚，宽度也只有四五根头发丝宽，每根竹丝都通过匀刀，达到厚薄均匀、粗细一致的标准，观者无不赞叹。瓷胎竹编让每根竹丝依胎成形，紧贴瓷面，所有接头之处都做到藏而不露，使竹编宛如天然生成，与瓷胎浑然一体。

邛崃瓷胎竹编常见的类型有：瓷胎竹编花瓶、瓷胎竹编咖啡具、瓷胎竹编酒具、瓷胎竹编文具、竹编茶具等。

图 5 瓷胎竹编制作过程

（6）武穴竹艺

2007 年，湖北武穴竹艺被列入国家级非物质文化遗产保护名录。

2013 年，武穴竹编被原国家质量监督检验检疫总局批准为“中国国家地理标志保护产品”。

武穴市自古就有“竹艺之乡”的美誉。南朝梁宗懔在《荆楚岁时记》中屡屡提及荆楚地区“多用竹器”“广用竹木”。唐代蕲州（武穴属蕲州郡）所产的“笛竹”（又称“蕲竹”）较为著名，这从明代王士性的《广志绎》中“蕲竹为器，抽削如丝，织巧甲于天下”的记载可知。及至近代，广济县（今武穴市）所产的章水泉竹艺制品更为盛名。

1915 年，广济县艺人章水泉制作的雕花小竹椅在美国旧金山举办的巴拿马太平洋万国博览会上获一等奖。1940 年，章水泉制作的竹器还在日本东京博览会上获得了奖项。1959 年，章水泉制作的一套竹家具（包括一组八扇折叠大屏风、竹沙发、茶几、六方形竹桌）很荣幸地被选入北京

图 6 武穴竹艺的竹制家具

人民大会堂湖北厅。

武穴竹艺制品（包括竹器具、竹编、竹雕工艺品）在湖北省之所以能做到独一无二的水平，这与竹艺大师章水泉的贡献是分不开的。据《广济县志》记载，章水泉（1892—1962）为广济武穴镇人，祖籍江西临川，清道光年间迁到广济。其祖父章景辉和父亲章永兴皆以“章太和”为牌号，在广济武穴镇从事竹器制作。章水泉自幼随父习制竹器，并大胆创新，将父辈单纯做竹椅家具发展到同时制作竹编、竹雕等多个品种（如图 6 所示）。

武穴竹编选用海拔 800 米以下的 2～3 年生的优质淡竹，去头弃尾，选用竹节长 30～70 厘米的中间节，按照去青、破竹、晾晒、启篾、匀丝、煮染、编织等工艺进行制作，所生产的竹器制品色泽柔和、编织紧密匀称、表面如丝般光滑、图案清晰明了。现武穴市兴章公司开发并生产的竹器（仿明清竹制家具）、竹编、竹雕等竹制品有 450 多个品种，远销美国、日本及东南亚等 50 多个国家和地区。

（7）瑞昌竹编

2008 年，江西瑞昌竹编入选第一批国家级非物质文化遗产扩展项目名录。

瑞昌竹编是瑞昌传统民间手工制品，最早可追溯到商周时期，距今有 3300 多年历史。

瑞昌竹编主要工序有去蔸、去稍、破竹、劈条、去篾黄、取层、拣篾、刮篾、煮篾等。竹器的编织花样虽然多种多样，但其基本结构一般由底、腰、筒身、缘口、提手等几个部分组成（如图 7 所示）。所编织的竹篾有经纬之分，其中被挑压的称为“经”，被编入的称为“纬”。整个编织过程是一个不可分割的有机整体，主要由开头、立腰、编器身等环节组成。开头的方法很多，常见的有织编、方孔编、六角孔编等。立腰，即编织时把平面底编的水平立篾向上弯曲，继续编织横回篾数周，其中包括湿水、弯曲、立竹片等工序。湿水，就是在立腰之前，将水平立篾湿水，以增加其柔韧性，便于弯曲；弯曲，就是开始起腰时用手指把水平立竹向上弯曲，以便向筒身推

图7　瑞昌竹编的竹花盆

进；立竹片是将立篾扎成一束，用夹子夹住，然后进行横回编。还可用木模具、电烫等方法，把水平立篾垂直竖起后再进行横回编。如果底编较薄，立腰后立篾容易弯曲，造成竹器底部突起而站立不稳，可使用数条宽厚的竹片插立在底部。六角孔编织法常需要立竹片。编器身的方法与底编基本相同，但其所使用的横回竹篾一般较为薄细。有些竹工艺品的横回竹篾可以使用宽篾和窄篾混合编织，以形成各种花纹。器身编好后，便是收口和提手。在工艺品编织过程中，对篾丝或篾片还需进行漂白和染色。可先漂后编，也可先编后漂；可先染后编，也可先编后染。最后进行烘干、喷漆，这时竹器工艺品才算制作完成。

瑞昌竹编用途广泛，品种繁多。传统的竹编制品有簸箕、米筛、晒筐、晒垫、竹囤、丝箩、床、凉席、斗笠、篼、鸭棚、播篼、竹水车、拖箩、桌、椅等，其中斗笠、丝箩、米筛被誉为瑞昌“竹器三宝”。20 世纪 70 年代，瑞昌竹编工艺在继承传统工艺手法基础上，不断创新，由实用型产品向艺术鉴赏型产品拓展，产品远销日本、韩国等国家。近年来又开发并生产出各种园艺产品，如竹篱笆、竹亭子、竹小屋等。

（8）渠县刘氏竹编

2008 年，四川渠县刘氏竹编入选第二批国家级非物质文化遗产保护名录。

刘氏竹编是四川渠县的传统手工产品。它精选优质慈竹为原料，有的以陶瓷为胎，依胎编织各种瓷胎竹编花器、竹编茶具；有的以各种书法及绘画为题材，精心编织各种竹编字画等竹编工艺品。

渠县竹编诞生时间可以追溯至 2300 年前，当时的渠县人已会用竹材编制劳动工具和生活用具。到了唐代，渠县竹编业已经很发达，竹制品的使用较为普遍，人们住竹房、坐竹椅、背竹筐、戴竹笠、持竹扇等，生产生活均离不开竹器。至清代，渠县竹丝宫扇、细篾凉席等非常有名，成为朝廷贡品。民国初期，渠县的竹丝宫扇因精美绝伦，成了达官贵人的收藏珍品。新中国成立后，渠县竹编业更加兴旺，产品丰富多样，其中刘氏竹编最为有名。至 20 世纪 70 年代，渠县刘氏竹编工艺主要传承人刘嘉峰通过刻苦钻研，首创了竹编字画和提花编织法。提花编织工艺是中国竹编工艺的一大创举，推动了竹编技艺的发展。

渠县刘氏竹编工艺品从砍伐竹子到制作成品有 30 多道工序，生产技艺复杂，工序繁多，而且每道工序精细严密，是现代技术和机器无法替代的（如图 8 所示）。编织一件工艺品少则半月，多则数月。渠县刘氏竹编产品有数十个大类，近千个花色品种。渠县刘氏竹编字画、提花瓷胎

图 8　渠县刘氏竹编的细竹篾

竹编、双面竹丝编、竹编台屏等系列工艺品，设计新颖，技术精湛，薄如绫绢，尤以编工精细见长。竹编字画虽以竹作画，但极富笔情墨趣，各种图案栩栩如生，具有浓郁的民族风格和地方特色。

（9）傣族竹编

傣族有句俗语叫“无竹不成家”，自古以来，傣族与竹子就有不解之缘。傣族人生活的地区，其中很多地方竹资源丰富。傣族人喜欢吃鲜竹笋和腌制的酸笋，各种生活用具也多用竹子制作而成。在翠竹掩映、绿色葱茏的耿马傣族村寨，人们尤其爱竹、用竹，并擅长竹编技艺。他们以竹子为材料搭桥、盖屋。他们住的是竹楼，用的是各式自编竹器，其中大至篱笆、墙、门、竹筏、床、桌、柜、席，小至饭盒、帽、扁担、篓、提箩、甑子、鼓凳等，无一不是用竹子制作而成。有的竹编还绘有五彩图案，色彩斑斓。而有些精美的竹编小物品还是青年男女表达爱情的信物。

傣族竹编历史悠久，这些世代相传的竹编制品具有鲜明的民族特色。竹编工艺精细，造型朴实大方，图案变化美观。竹制品种类繁多，大多数都是优良的实用器具，如笆箩、饭盒、槟榔盒、提箩等。“笆箩”是傣语，指的是一种挂在腰间的竹篓。笆箩编织精巧，美观实用，既是生产、生活用具，又是精巧的装饰品。傣族妇女身着轻盈飘逸的民族服装，腰系一只笆箩，走动时笆箩随身摆动，这让傣族妇女显得更加朴实、精干、健美。笆箩更为珍贵之处，是它还传递着傣族青年男女之间的爱情。

傣族民间竹编漆器工艺历史悠久，世代传承。其竹编漆器主要有供桌和提箩（如图 9 所示），傣语分别称“浪摆”和“撒毫”。“浪摆”和“撒毫”是傣族群众从事佛教活动时的必需用品，家家户户都备有一套。每到泼水节或开门节、关门节时，傣家老人用“撒毫”盛各种礼佛用品，子女们则用“撒毫”给父母送斋饭。平时“撒毫”

图 9　傣族竹编漆器

被放置在高处，不能随便在里面放东西。“撒毫”的制作流程有选竹、破篾、编织、装饰等 10 道工序。“撒毫”装饰工艺独特，集实用性和观赏性于一体。由于傣族人民笃信佛教，所以竹器漆制品多装饰荷花、鱼、蝴蝶等图案，其寓意是祈求佛祖保佑傣族人风调雨顺、吉庆有余。

（10）洛宁竹编

洛宁竹编属河南省省级非物质文化遗产重点保护项目。

洛宁县原名永宁县，位于河南西部山区，是河洛文化的发源地。《后汉书》记载：“永宁金门山竹厚薄匀，断其两节，间而吹之，可应凤凰之鸣。”唐代皇宫纱灯，多以洛宁竹子制作。顺治年间的《永宁县志》记载：“永宁山环水绕地宜竹，原野溪间，大半皆竹园。园广数亩或数十亩，引渠灌溉，干霄如翠屏，制为器用，鬻于秦晋及本省，邑人倚以为生。”清顺治年间，洛宁每年都要向朝廷进献贡竹 400 竿，供太医烧竹取竹沥之用。名载史册的二十四孝之一的孟仲，其哭竹之地便在今洛宁县的长水乡。深厚的历史文化底蕴和丰富的原生态竹林使洛宁自古以来就有“洛竹之乡”的美誉。

洛宁竹编的手工编织技艺至今已有数千年的

历史，经过劳动人民长期不断地完善和发展，洛宁竹编逐渐形成了一套独特的生产和加工工序。

（1）备料。洛宁竹编的备料比较讲究，须在冬季采伐竹子，此时气候干燥寒冷，伐下的竹竿不易霉变、腐蚀，易于长期存放。

（2）烤竹。燃烧炭或竹竿头对所伐之竹进行烤烧定形。经此加工的竹子具备以下两个特点：

①捋直的竹子，易于捆扎、存放、加工。

②烧烤过程中，竹表皮会渗出竹油，用锯末擦捋，可使其表皮光泽艳丽、质感丰富、韧度增强，便于盘制。

（3）蒸竹、煮竹、凉竹。将所用之竹劈成篾放在锅里，经过蒸或煮，再进行晾干，其目的主要是为了增强竹篾的柔韧度，使精细的竹篾不易折断，易于编制，还可使竹制品表面颜色更加细腻、均匀，产品更加耐用。

（4）盘制编织。盘竹时运用手锯、尖刀、主刀、挖铲、圆刨、木钻等工具，依据制品的形状、尺寸进行裁截、刮节、去皮、锯切，用炉火对竹节处熏烤加温，握制定形，再经过扣架、串编等数道工序。编织时首先对所用竹篾进行拔篾、蒸篾、染篾、凉篾，再通过串编、雕刻、印花、饰物点缀、上色打亮等数道工序，最后方使竹篾成为制品（如图 10、图 11 所示）。

洛宁竹编的主要产品包括：生产类竹器，如竹篓、竹筐、竹筛、竹耙等；生活类竹器，如竹席、竹床、竹椅、门帘等；观赏类竹器，如鸟笼、竹笛、盆景架、花瓶、果盘等。

20 世纪 80 年代，洛宁竹编远销国内各省、市及日本、美国等地。进入 21 世纪后，洛宁竹编手工技艺的发展受到了严峻的挑战。首先是洛宁竹产量下降、原料不足，这导致竹编产品的成本上涨；其次是竹编产品的销售价格较低，难以收回成本和维持应有的利润；最后是年轻人不愿从事这个职业，所以竹编艺人青黄不接。上述种种原因制约了这项传统技艺的传承和发展。

图 10 洛宁竹编（一）

图 11 洛宁竹编（二）

（11）安岳竹编

四川安岳竹编，工艺独特，其最精美的工艺品有睡席、桌席、蚊帐、帐帘、挂屏、座屏、条幅、枕头等，有的席面编有山水、花鸟、人物、书法等（如图 12 所示）。安岳竹编工艺精湛，造型新颖，图像清晰，品种丰富。安岳竹编还可以随意折叠，便于携带和运输。

图 12　安岳竹编

安岳竹编距今已有 340 多年的历史。据清乾隆《安岳县志》记载，安岳产的竹席，远销保宁（今阆中）、仁寿。1932 年，在四川省劝业展销大会上，安岳竹席、箮箕、皮背篼被评为甲等奖。中华人民共和国成立后，安岳竹编产品畅销国内及欧洲、美洲、东南亚、中东和日本等地区和国家。产品每年外销 20 多种，总销量达 300 多万件。1953 年和 1957 年安岳人还先后给毛主席献上两张工艺竹席，其中一张的席面编织着“抗美援朝”4 个大字，另一张的席面编织着牡丹、松树、白鹤等图案。

安岳生产的普通细席、箮箕、细篾背篼做工精致，样式独特，物美价廉，为家庭、企业必备之佳品，深受用户好评。

安岳生产的瓷胎竹编又称“竹丝扣瓷”，是竹编工艺品中一个独具特色的品种。安岳瓷胎竹编对原料的制作技术要求极高。其瓷胎竹编所用的竹丝，选料非常严格，在四川生长的一百多种竹子中，只选邓崃山脉生长的慈竹，而且必须是节距在 66 厘米以上、无划伤痕迹的“两年青”壮竹。50 千克慈竹经反复挑选加工，最后得到的成品竹丝约为 400 克。制成的经蔑薄如绸，纬丝细如毛发，且粗细均匀，柔韧适度。

（12）门巴竹编

在西藏自治区东南部的林芝市，特别是墨脱县及周边等地形相对较低的地区，长有藤竹。藤竹是林芝市特有的一种竹子，具有藤的材料特性。生活在当地的主要是门巴族人，门巴竹编因而得名。门巴竹编是西藏自治区为数不多的特色竹编，使用的原材料就是这种藤竹。

门巴竹编制品中有一种叫“邦穹”的织品最为有名。“邦穹”需要用红、黄、蓝、黑等颜色的几百根细篾来编织，其图案大多数是细密多变的几何图案。

珞巴族、门巴族素以制作竹器、藤器而闻名，制作竹器的历史已愈 300 年。门巴族群众削竹剥藤，编织生产的“邦穹”（扁圆形竹器）（如图 13 所示）、“休差”（圆柱形竹器）、“休斯贡”（方形竹器）等生活用品，色彩斑斓，异常精美。

（13）湘西竹编

2009 年，湘西竹编被列入湖南省第二批省级非物质文化遗产保护名录。

湘西竹编制作历史久远，是传统手工艺的典型代表。它的产地主要分布在永顺县芙蓉、小溪、朗溪、永茂、石堤、砂坝、万坪等乡镇。

清朝乾隆时期的《永顺县志》曾有“二三月间，妇女结队，负背笼……”的描述。同治年间的《永顺县志》也有“出则负背篓，援山拾薪……”的记载。县志中的背笼、背篓都是竹编制品。

湘西竹编主要有竹箩、竹筐、竹篓、簸箕、米筛、床、椅、篼、凉席等（如图 14、图 15 所示）。永顺的竹编技艺，自古以来都是篾匠一代代口传身授，在实践中逐渐成就的。湘西竹编工艺经过数代艺人的传承和发展，形成了今天的独特风格。

湘西竹编制作工具主要有小锯子、篾刀、刮刀、匀刀、夹子、锥子和竹尺。竹编的工艺流程是先选材，要根据不同竹器的需求选用和采伐不同的竹子。采伐后，把竹节削平，用篾

图 13　门巴竹器中的“邦穹”

图 14　湘西竹编中的竹篓

图 15　湘西竹编中的编字竹筐

刀将竹子剖开，再剖成细篾（剖篾是篾匠的基本功）。篾条剖好，然后刮去表层，要刮得大小均匀。给篾条染色采用的是植物的果汁，即先把果实捣碎，取果汁，浸染，等篾条阴干后再进行编织。可选择多种图案编织。

（14）大足竹编

重庆大足县素有“竹编之乡”的美称。重庆大足竹编，历史悠久，花色品种繁多，编织工艺精湛。

大足竹资源丰富。早在明崇祯十六年（1643年），大足呈报的《路孔河水灾》一文中有“栖篾簟千家，无举火之厨”一语。簟即竹席，可见当时大足竹席已广为民用。清咸丰年间，其竹编业日兴，产品渐及省内许多市县和云南、贵州、湖南、广西等地。中华人民共和国成立后，大足竹编有了很大的发展。

大足生产的竹编制品，除大宗的青席、黄席外，还有晒席、斗席、围席、枕席、竹篮、竹囤、竹桌、竹椅、竹床、竹几、竹篓、竹包、竹扣、竹篦、竹帘、竹扒、竹笼、竹篆、竹罩、箩篼、提篼、背篼、鸳篼、筲箕、撮箕、簸箕、笔筒、蒸笼、锅盖、虾扒、亮罩、巴笼、刷把等，每一品种还分多种规格和花色。1959 年，织席能手李绪根、吴成周等人编织的“万字格”“水波浪”“木瓜心”“滚绣球”“长城图”等带有精美图案的竹制花席，在四川省举办的竹制品评比活动中被评为优质奖。

大足的三驱、铁山两镇和周边乡镇的男女老幼皆会织席，两镇的产席量占全县竹席总产量的 60% ～ 70%，远销江苏、浙江、河南、陕西、安徽、山西、河北、内蒙古等地。

（15）井冈山竹编

井冈山竹编属江西省第三批非物质文化遗产保护项目。

井冈山地处湘赣交界的罗霄山脉中段，是典型的江南山区。井冈山地区竹林茂密，竹资源丰富，有毛竹、淡竹、方竹、苦竹、墨竹、罗汉竹、观音竹、鹅毛竹、龙鳞竹等 100 多种，这为竹编技艺的传承与发展创造了得天独厚的条件。

井冈山竹编品种较多（如图 16 所示），虽然竹箱、竹柜、竹厨、竹篮、竹热水瓶壳等传统竹编制品濒临消亡，但民间艺人使用优质的篾丝材料，设计制作出各式各样的旅游工艺品，如稚拙谐趣的熊猫、憨态可掬的企鹅、展翅开屏的孔雀、怪眼圆睁的猫头鹰等。这些工艺品形态各异、构图别致、巧夺天工，因此深受各地游客喜爱。井冈山竹编制品远销日本、美国、加拿大、新加坡、俄罗斯等国家。

图 16　井冈山竹器

（16）荷塘竹编

江西荷塘竹编属江西省第二批非物质文化遗产保护项目。

景德镇市荷塘竹编有着悠久的历史，另外荷塘乡以林地为主，毛竹资源十分丰富，因此其特色竹编技艺的形成及竹编产品的发展有历史和自然条件。

早在明清时期，荷塘人就开始利用丰富的毛竹资源，编竹篓供应景德镇窑厂装瓷器、编竹架存放瓷胚、编篮子洗菜、编斗笠避雨、编渔篓和编虾篓捉鱼捉虾等。

荷塘竹编的工艺具有独创性和科学性，成品具有实用性和观赏性（如图 17 所示）。

图 17　荷塘竹编

荷塘竹编制作的特点主要体现在以下两个方面：

（1）在竹材处理方面，为了防蛀、防霉，采用高温煮篾。

（2）编织技法多样，有直径纬编、六角六方编、三角眼编、虎头眼编、转角立体编、回旋还原编、多边钱眼编等编织技法。

（17）四明山竹编

2018 年，四明山竹编被列入宁波市第五批非物质文化遗产代表性项目名录。

四明山竹编历史悠久，生活在四明山区的先民很早就利用当地丰富的毛竹资源以及自己的聪明才智和灵巧双手，制作出各种生产和生活所需的器具。竹编技艺可以说是山民维系自身生产和生活需要而必须掌握的一项基本技能。

据有关志书记载，宋宝庆年间，四明山地区余姚的竹匠有粗竹匠和细竹匠之分。到清代，余姚竹编已闻名省内外。粗竹匠多制作农具和生活用具，如簟、竹椅、竹床、竹厨、扫帚等，其中梁弄镇的扫帚、茭湖南黄村的淘箩饭篮、南山杜徐的竹簟和陆埠的竹椅，都在省内小有名气。杜徐生产竹簟的历史已有三四百年，杜徐男女老少几乎个个都会编制竹制品。陆埠竹椅匠设计的竹椅造型精美，花式繁多，有10多个品种。细竹匠主要制作精致的竹器，如笼、箱、篮、筐、席等。其中篮有香篮、幢篮、梳头篮、摇篮、挂篮、考篮、元宝篮等。香篮用于朝山进香，有长方形或八角形之分，一般为两格，形较小巧；幢篮一般有三四格之分，有大有小，两只成对，编织十分精细，篮盖上可织出文字图案，再涂以朱红漆或金漆，光可鉴人，精巧绝伦；梳头篮一般为盛妇女梳妆打扮用品，为腰圆形或四方形，用篾青编成，图案精美，小巧玲珑；摇篮为椭圆形，长约1米，高约40厘米，下置木架，可以摇动，是婴儿的睡床；元宝篮长约1.3米，宽约70厘米，前后高起，中间低落，状如元宝。元宝篮一般用于老人出门或病人求医，由两人抬着，人在里面可卧可坐，比较舒适。各式箱、篮做工都很考究，且造型多种多样。其篾丝极细，细如头发；篾片极薄，薄如纸张。篾丝一般用于编织箱盖、篮盖，篾片一般用于编织箱体、篮体。这样编出的箱和篮不仅坚固，而且有韧性和弹性。在箱盖、篮盖和箱体、篮体上还有用手工编织出来的各种图案和花纹。四明山竹编如图18、图19所示。

图18 四明山竹编（一）

图19 四明山竹编（二）

(18) **金溪竹编**

江西金溪竹编是一种欣赏性和实用性相结合的竹制品，由竹编匠人通过破篾、染篾、编织、沙光、喷色、修剪等工序制作而成。其产品有各种精巧的花篮、花瓶、花钵套、茶盘、茶叶盒、洗衣篓以及各种形象生动的小动物等。金溪竹编产品远销东南亚、西欧、美洲等地区，在国际市场上享有较高的声誉。其中的“和平鸽果盒”尤其受到外商青睐，曾创下了全省竹编动物制品单项销售的最高纪录。

1999年，在全国农村妇女“双学”“双比”竞赛十周年纪念活动中的特邀嘉宾、金溪县竹木制品厂工人双彩萍用彩色篾丝编织的公鸡、雄雉、板鸭等工艺品以造型美观、精巧别致而深受观众喜爱，中央电视台、北京电视台还先后对其高超的编织技艺进行了专题报道。

(19) **崇庆竹编**

崇庆竹编是产自四川省崇州市的地方传统手工制品，距今已有300多年的历史。崇庆竹编品种繁多，除竹兜、竹篮、竹盘、竹碗、竹扇、竹灯笼、竹盒外，还有竹套三花提篮、竹筷笼、竹纸篓、竹花插、竹通花稀篾碗、竹船形书兜、竹花兜、竹编玩具等，其花色品种达200多种。

崇庆竹编结构紧密，其中采用竹子本色编织的产品格外典雅大方。崇庆竹编产品富有弹性，能经受一定的压力，且经久耐用。

崇庆竹编与道明竹编工艺相同，一般选择生长三年左右的慈竹，采用中间一段颜色一致又没有斑点、节长质细的部分，刮青去节。对需要染色加工的制品，先用红、蓝、黄、黑等油漆均匀地涂在竹筒表面，然后把竹筒破成粗细均匀，厚薄一致的竹片和竹丝。竹编工艺大体可分起底、编织、锁口三道工序。在编织过程中，以经纬编织法为主。在经纬编织的基础上，还可以穿插各种技法，如疏编、插、穿、削、锁、钉、扎、套等，使编出的图案花色变化多样。对需要配色的制品就用染色的竹片或竹丝互相插扭，使其形成各种色彩对比强烈、鲜艳明快的花纹。

（20）安溪竹编

2014年，福建安溪竹编被列入第四批国家级非物质文化遗产扩展项目名录。

安溪竹编已有千余年历史。《安溪县志》《五代初建安溪县记》均有安溪县令詹敦仁于五代后周显德三年（956年）在考察当时民俗民生时“荷畚执筐”的记载；后来《泉州府志》中有“春山几焙茗旗香”之句，说明安溪很早就有“荷畚”“焙茗”用的竹制品。唐末安溪竹藤编织相当盛行。宋元时期，安溪的竹藤编织制品承袭了唐代的编织法，竹藤编织制品开始普及，用竹藤编织的农具、茶具、生活用具使用较为普遍。明清时期，安溪从事竹编的艺人不断增多，工艺水平不断提升。晚清至民国时期，安溪竹藤编织多为农村家庭的副业，篾货上圩市交易。20世纪70年代，安溪县尚卿公社先后创办了竹编车间、竹编工艺厂。

安溪竹编的主要原料有毛竹以及各种染色料、淳酸清油等。安溪竹编工艺精细，可用不同的编织方法编织出丰富的花样。主要编织方法有十字编、人字编、六角编、螺旋编、圆面编、纹丝编等普通编织法和穿篾编、穿丝编、弹花、插筋、硬板花、花箍、打结、画面编等特殊编织法，以及不同的收束和夹口技法。呈现的主要花样有菱花、菊花、龟背、花眼、六角眼、硬板花、花箍、蝴蝶结、知了结，各色弹花、案花以及各种动植物纹理等。安溪竹编产品造型丰富、色彩明快、淡雅清新、精巧实用。

在安溪县的农具、茶具和生活用具中，竹编制品十分普遍，有篾箍、筛、笼、篱、笠、蓆、簾、桌、椅、盘、筐、箱、斗箕、蒸笼、灯等14类40多种。安溪竹编如图20所示。

安溪竹编远销美国、欧盟、加拿大、日本及南美洲、大洋洲、中东等50多个国家和地区。安溪县竹藤编织是安溪县仅次于茶业的第二大特色产业。

图20 安溪竹编

(21) 庄浪竹编

庄浪县地处甘肃省平凉市，位于我国西部，庄浪竹编的意义非同一般，因为它扩大了我国西北部地区竹编产地的范围。

庄浪竹编是采用山里毛竹或箭竹编制而成的，主要产品有竹席、背斗、筛子、笸箩、竹笼、书笼、花桶、花篮、蚂蚱笼等实用品和小工艺品。因原料缺乏，在我国西北部很少见到竹编，但庄浪县永宁、郑河、韩店、南坪、盘安等乡镇的民间艺人在竹资源较少的地区，仍以竹编为业，而且用自己的勤劳和智慧创出了著名竹编品牌，不得不令人敬佩。庄浪竹编除在甘肃省内销售外，还远销陕西、宁夏、内蒙古、新疆等地。

(22) 孙村竹编

孙村竹编最大的特点是其产于非竹产区。

山东省泰安市沙河站镇的孙村，家家户户从事竹编业，所出产的竹编制品，方圆百里闻名。1992 年，孙村被泰安市人民政府授予“竹编专业村”称号。

孙村的竹编业始于 20 世纪 30 年代。传说有个叫李箩匠的浙江籍竹编艺人，逃荒要饭至此，被一位名叫孙洪明的村民收留，两人结为拜把子兄弟，李箩匠遂将竹编手艺传授于孙氏，竹编技艺便逐渐在全村推广开来。

孙村竹制品原料全部选用江南地区的竹子。村里每年都要派人到浙江、安徽等竹产地，根据生产需要，挑选并运回毛竹、钢竹、水竹等不同竹料。一般每年秋后至冬初进料，冬春两季为竹编生产旺季，夏秋时节销售产品。孙村竹制品有着严格的生产工序，从选料、破竹、削条到编花成形、抛光上漆，大体要经过十几道工序。为了提高产品质量，村里每年都要请省、市外贸部门的专家到村里进行技术指导。

孙村竹制品不仅结实耐用，而且设计别致，美观大方。该村制作的“心形花篮”“嫦娥奔月”“五子闹春”等竹制挂件，远销韩国、日本、马来西亚、新加坡等国家。

(23) 梅山竹编

梅山竹编是湖南省梅山地区一种传统手工艺品，最有特色的是诗词序文竹编、名言警句竹编、对联竹编、喜庆竹编等竹制品，它们都是以竹篾为载体，以梅山文化为依托，具有鲜明的地域特色。

梅山竹编有着几千年的历史，在传承和发展中逐渐形成了自己的特色。竹编艺人曾建国就是梅山竹编最为著名的一位代表，他从事竹编工作 50 余年，通过刻苦钻研，慢慢地摸索出在平面竹编上编织文字的技巧，开发出不同形式与种类的竹篾体产品。如今，他能使用竹篾娴熟地编织任何文字，并且首次使用“竹篾体”的概念来描述与形容这种竹编字体。竹篾体竹编的工艺源自梅山传统竹编中寓意吉祥的“福”“禄”“寿”“喜”四字的编法，其特点是文字造型均由横竖笔画构成，竹篾体竹编为我国传统竹编增加了新的表现形式。梅山竹篾体竹编如图 21 所示。

图 21 梅山竹篾体竹编

(24) 石洞竹编

石洞竹编属四川省非物质文化遗产项目。

石洞镇土地肥沃细腻、松软湿润，适宜慈竹生长，因此，竹资源十分丰富。石洞几乎家家户户善制竹器，竹编工艺世代相传。石洞被誉为“竹编之乡”，其中源于石洞的灵广竹编，便是最具特色的代表。

石洞字画竹编是以本地慈竹为原料，先经过去青、排版、分层、拉丝、防霉、防蛀、上色等数十道工序制成薄如蝉翼、细如发丝、透明晶莹、不腐不蛀、永不褪色的竹丝，然后再用多种不同的编织绝技，并结合各种字画作品，进行编织。石洞字画竹编清秀淡雅、神形兼备、栩栩如生、立体感强。石洞竹编的精细效果和艺术神韵完全可以媲美丝绸刺绣，它既保持了书法艺术的神韵，又充分体现了传统竹编的艺术风格。

石洞竹编产品形式多样，既有平面字画竹编，还有各种竹编生产和生活用具（如图 22 所示）以及瓷胎竹编。

图 22 石洞竹编

（25）浦北竹编

广西壮族自治区浦北县竹编资源丰富，人们利用竹、藤、芒等材料加工各种工艺品的历史悠久。浦北竹编基本以天然植物材料为主，如竹、木片、藤条、芒、海草等。其中，龙门镇是竹芒编织大镇。

竹子在浦北客家人日常生活中得到广泛使用。在客家人日常的衣食住行中，到处都可以看到竹的影子，如竹椅、竹床、竹席、竹帘、竹筷、竹箩（如图 23 所示）、竹篮、竹笠、扁担、禾杠、竹耙等，这充分体现了竹子与客家人生产和生活的密切关系。

浦北的竹笠帽编织始于明代。到民国时期，县内各地均编织竹笠帽，其中张黄生产的细眼笠除了在当地销售外，还销往合浦、北海、湛江、海南等地。中华人民共和国成立后，浦北的竹笠帽式样不断翻新，其中张黄、北通等地的工人帽、花边海帽不仅销往海南、福建、浙江等地，还远销东南亚地区。

浦北的竹制盆套（如图 24 所示），曾在全国出口商品生产基地及专厂建设成果展览会上展出，并获得了原国家对外贸易部颁发的优秀荣誉证书。竹制盆套的主产地是张黄、北通等乡镇，产品主要销往加拿大、美国、日本及东南亚和我

图 23 浦北竹编（一）

图 24 浦北竹编（二）

国的港澳地区。

（26）潜江竹器

潜江竹器属湖北省非物质文化遗产名录项目。

潜江传统竹器制作技艺是潜江人民利用竹材编制生活用具、生产用具及工艺品的综合性手工技术，具有鲜明的地方特色。

潜江传统竹器制作多以本地出产的水竹、桂竹为原材料，产品分为编织类和非编织类两大类。编织类产品有生活用具、生产工具和工艺品三个系列，品种多达数十个，如农用的箩、筐、连枷、筛子、簸箕等，捕鱼用的渔笼、渔篓等，装饰用的屏风、竹帘、花瓶等（如图25所示）。编织技法以平面编织和立体编织为主，十分强调作品的立体感，在编织过程中又巧妙地融入极具荆楚风格的纹饰。潜江竹编花样繁多、精巧耐用。非编织类产品主要有竹床、竹椅等生活用品和龙灯、彩船、花灯等民俗工艺品。非编织类竹器在制作过程中巧妙地运用木工的结构工艺，产品坚固实用、美观大方。

图25 潜江竹编

潜江传统竹器制作特点：成篾是基础，编织是关键，造型是绝活。潜江竹器制作过程有一套完整的工艺流程，体现了美学、工艺学、构造学在竹器制作中的综合应用。

（27）益阳小郁竹艺

2006年，益阳小郁竹艺被列入了湖南省首批非物质文化遗产保护名录。

2012年，益阳小郁竹艺入选第三批国家级非物质文化遗产保护名录。

益阳小郁竹艺有文字记载的历史始于明初，据《益阳市志》记载：“早在明代初年，益阳竹器即成行业，从业者遍布城乡各地，产品街头巷尾随处可见。”在清代，益阳是驰名江南的“竹器之城”，茅竹湖的水竹凉席、贺家桥的小郁竹器、三里桥的竹骨纸伞被誉为“竹城三绝”。

益阳小郁竹艺是湖南省益阳市优秀的传统工艺，是益阳唯一的非物质文化遗产项目，其产品远销欧美、东南亚等地区，在国内外享有极高盛名。益阳还先后派出17名竹艺技术人员赴几内亚、加纳、伊朗等国传授竹艺技术，其精湛的技艺，获得了国外人民的好评。

小郁竹艺是将直径5厘米以下竹材，在火中烧烤使其纤维软化，再在外力的作用下使其弯曲变形（即“郁”），从而达到制作要求所需的形状，然后以此为骨架，再以毛竹为部件加工成各种竹器（如图26所示）。小郁竹艺主要由选料、下料、烧油、烙花、着色、浸泡、调直、划墨、做围折、劈折篾、开郁口、挖铲郁口、郁制、削承挽、打撑子、安拱门、安花格、火郁竹丫枝、包铜皮、精修、打磨、上漆等三十多道工序组成。

小郁竹艺制品经久耐用，越用越红，越用越光滑。其制品分为生产用具和生活用具两大类，有上百种之多，几乎涵盖了生产和生活的方方面面。

（28）梁平竹帘

2008年，重庆市梁平竹帘入选第一批国家级非物质文化遗产扩展项目名录。

梁平竹帘又称梁山竹帘，属中国民间手工艺品竹帘画的一种（如图27所示），是流传千年的历史文化遗产。《辞海》解释：“竹帘画，在细竹丝编织的帘子上加上画的工艺品，产于四川省梁山县（今重庆市梁平区）。”

据《梁山县志》记载，早在北宋太宗年间，有一位名叫燕洪顺的手艺人，用手工破竹取丝，以针缝线连的方法将竹丝编织成薄如罗绢、洁净透明的在造纸过程中用来舀纸（过滤纸浆）的工具，以提高造纸的效率和质量。此物工艺精巧，用此物做帘，由里向外可以近观远、以暗观明，反之则朦胧模糊，另外，竹帘还显得素净文雅，独具品位，于是燕姓匠人被聘至官府，官府让其专门制作竹帘，此为梁平竹帘雏形。后来皇家将竹帘列为贡品，从此梁平竹帘便饮誉四方，人称“天下第一帘”。

梁平竹帘以当地盛产的慈竹为原料，运用传统工艺，结合书画、刺绣、植绒等表现手法，制成各种形式的挂帘、屏风、装饰画及实用工艺品。梁平竹帘做工精细、外观典雅、风格独特，具有浓郁的地方特色和民族风格。

图26 益阳小郁竹器

图27 梁平竹帘

（29）毛南族花竹帽

2011年，广西环江县毛南族花竹帽编织技艺被列入第三批国家级非物质文化遗产保护名录。

花竹帽手工编织业主要分布于毛南族自治县西南部地区的下南乡境内。

花竹帽是毛南族的竹编工艺品（如图28所示），在毛南语里面叫作“顶卡花”。花竹帽以当地金竹和墨竹为编制材料，造型精美，工艺精细，工序复杂。花竹帽的表层是由15片主篾（每片两边再分篾24片，共720片）与60～80片横栅交叉编织而成；花竹帽的里层是由12片主

图28 毛南族花竹帽

篾（每片两边再分篾15片，共360片）与20～30片横栅交叉编织而成，可见其制作工艺之精细。

毛南族花竹帽编织工艺的历史起源，现无文字记载可查考，根据毛南族民间历代口传的“讲古”故事推测，大概起于明清之际。

毛南族花竹帽编织工艺经过历代传承，其工艺特征早已定型。

在毛南族生活地区，由花竹帽的编织衍生出花竹帽歌、花竹帽舞、花竹帽故事，从而形成花竹帽文化。花竹帽文化已成为毛南族文化的主要内涵。

（30）嘉定竹刻

2006年，上海嘉定竹刻入选第一批国家级非物质文化遗产保护名录。

嘉定竹刻工艺是中国优秀的民族传统工艺之一。嘉定竹刻艺人以刀代笔，将书、画、诗、文、印诸种艺术融为一体，赋予竹材以新的生命，使竹刻作品获得了书卷之气和金石品位，嘉定竹刻因此为历代文人、士大夫所喜爱。

嘉定竹刻始于明代隆庆、万历年间，已有400多年的历史。清代时，嘉定县城已成为竹刻工艺制作的中心。嘉定竹刻的代表人物朱松邻原是一位善于写诗和绘画的人，因此他在竹刻制作中能将笔法用之于刀法，勇于创新。他的儿子朱小松、孙子朱三松都继承此业。朱小松刻制的“古仙佛”，世人对其评价很高。朱三松把祖辈和父辈的传统技艺又向前推进一步，其所刻制的人物、山水、草虫、禽鸟，无不精妙绝伦，有新鲜灵动之感（如图29所示）。嘉定竹刻名家辈出，如明代的秦一爵、沈大生、侯崤曾， 清代的封颖谷、时大经、张学海等。

嘉定竹刻以“高”“深”“透”为特点，竹刻的技法包括深刻、薄地阳文、浅浮雕、深浮雕、透雕、圆刻等十余种，具有明显的地域风格和鲜明的原创性。

图29 朱三松竹雕仕女图笔筒

（31）金陵竹刻

江苏金陵竹刻是中国传统的重要竹雕艺术之一，与嘉定竹刻并驾齐驱，并与之成为中国竹雕艺术的双璧。

金陵竹刻以浅刻、简刻风格著称于世，这种技法雕镂不深而层次不减，表面略加刮磨，寥寥数笔却意境深远。同时，金陵竹刻对圆雕运用颇为讲究，对材质选择甚严，雕刻时善于因形取势，不多做人工修饰，因而作品古朴淡雅。金陵竹刻擅长雕刻书法，这使得中国传统竹刻平添了浓郁的人文气息。金陵竹刻技艺精湛，与嘉定竹刻一样也是名家辈出，在中国工艺美术史上独树一帜。

与嘉定竹刻以深刻见长不同，金陵竹刻以浅刻和略刻取胜。金陵竹刻的主要代表人物为李耀。据史载：“其善雕扇骨，所镌花草皆玲珑有致，亦能刻牙章，为文徵明长子三桥捉刀。”另一代表人物为濮澄，生于万历十年（1582年）。濮澄善于根据竹的形态，随形施刻，利用竹的盘根错节（如图30所示），“以不事刀斧为奇，经手略刮磨，勾勒数刀，便与凡异”。

图 30 濮澄竹刻松树小壶

图 31 宝庆竹刻

(32) 宝庆竹刻

2006 年，湖南宝庆竹刻被列入第一批国家级非物质文化遗产保护名录。

宝庆竹刻（如图 31 所示）是从实用竹器工艺中脱胎出来的一种集观赏、实用于一体的传统雕刻艺术。宝庆（今湖南省邵阳市）属西高东低的半山区半丘陵地貌，盛产楠竹，自古竹器制作业十分发达，是中国竹文化的主要发源地之一。

明代《宝庆府志》曾介绍过万历年间宝庆竹刻名师潘一龙及其竹艺作品的情况。清代康熙年间，宝庆竹刻艺人王尚智发明了翻黄工艺和翻黄竹刻。以此法制作竹刻时，艺人将竹子去青去节，削出竹黄，经煮、晒、碾等工序后，压平贴于木胎或竹胎之上，再抛光打磨，然后运用不同的手法在上面雕刻人物、山水、花鸟。

潘一龙（1563—1645），别号云山樵子，是宝庆竹刻创始人之一。从小天资过人，工诗善画，尤精于竹刻，所刻山水花鸟人物全无刻意，却形神兼备、自然生动。该时期宝庆竹刻主要流行圆雕和透雕的雕刻技法。清代时，宝庆竹刻艺人发明了竹黄工艺，不仅使宝庆竹刻有别于其他竹艺派别，而且使竹刻的工业化成为可能。宝庆竹刻十分精美，现藏于北京故宫博物院的“竹黄天地同春寿字盒”“芭蕉山石贴黄盒”等珍稀艺术品，工艺水平非常高超。据《宝庆府志》记载，当时最有名的竹刻艺人李昌元以制作竹食篋和竹书篋而名噪一时，最终成为宫廷专门的竹刻师。乾隆时期，宝庆竹刻进入了全盛期，形式和图案更为丰富绚丽，制作也更为娴熟精美，因此成为民间艺术的优秀代表。

嘉定竹刻以“高”“深”“透”为特点，金陵竹刻则以“浅浮雕”技法来表现。宝庆竹刻不仅兼备二者之美，还采用新的竹刻工艺——翻黄或贴黄。翻黄竹刻色泽犹如象牙，格调高雅。翻黄雕刻工艺品一经问世，即成为达官贵人和文人雅士竞相收藏的艺术珍品，还被钦定为清朝皇宫的贡品和外交礼品。

（33）莆田留青竹刻

2014年，福建莆田留青竹刻被列入国家级非物质文化遗产扩展项目名录。

“留青”是与书画、雕刻相结合的一种独特竹雕手法，是书画艺术在竹皮上的再创造。莆田刘氏的留青竹刻运用描、刻、挖、刮等技法，利用竹皮与竹肌的色差，结合中国画的笔墨元素，注重刀法跟绘画笔法的统一，巧妙地在薄薄的竹皮上做文章，表现出笔墨意韵。刘氏留青竹刻大都刻在笔筒、臂搁、镇纸、折扇等物之上，竹刻作品也大都为文人案头之文玩（如图32所示）。留青竹刻还可以跟木工工艺相结合，如以深色硬木作底座背景，镂刻屏风、插屏、挂幅之类的作品；用黄杨木等浅色物料作镶嵌色。留青竹刻搭配协调且富有画意，艺术效果较好。刘氏留青竹刻经刘氏七代传承，经过近百年的发展，现呈现的精品佳作精巧绝伦、巧夺天工，既有北方版画之粗犷，又有南方丝绣、绘画之秀丽。

留青竹刻在艰苦的历史环境中承传有序，如今在继承传统的同时结合现代审美情趣又有所创新。留青竹刻的作品收藏越久，留青的竹皮、竹筠、竹底之间的颜色越协调。竹底经过自然氧化时间越长则越红，其表面视觉效果越佳，艺术收藏价值越高。莆田留青竹刻极大地丰富了民间工艺美术的内涵。

图32　莆田留青竹刻

图33　徽州竹雕笔筒

（34）徽州竹雕

2014年，安徽徽州竹雕被列入国家级非物质文化遗产扩展项目名录。

徽州竹雕是传统雕刻艺术之一，与徽州砖雕、徽州木雕、徽州石雕并称“徽州四雕”。徽州竹雕一般以徽州盛产的毛竹为原料，以刀代笔，因材施艺，运用线刻、浅浮雕、深浮雕等工艺雕出各种作品（如图33所示）。这些作品，有名人的书法墨迹，有名胜古迹和山川风貌，有民间传说和神话故事，有千姿百态的珍禽异兽，题材极其广泛。竹雕主要用于摆设装饰，常见的竹雕工艺品有屏风、台屏、挂屏、插花瓶、文具盒、牙签盒、烟灰盒、茶叶筒、笔筒、筷筒、楹联、餐具等。

徽州竹雕盛于明清。清代以后，徽州竹雕在内容、形式、技法等方面都得到不同程度的发展和丰富。徽州竹雕由于使用拼接工艺，使竹雕作品突破了原竹大小的限制，因此不仅可以制作较大面积的竹雕，而且使得竹雕器具的制作更加方便灵活。

（35）三穗竹器

有“竹器之乡”美誉的贵州三穗县，拥有万亩竹海。早在明末清初时期，竹编工艺就已在三穗兴起，至今已有 400 多年的历史。清光绪年间三穗县瓦寨斗笠由贵州省畅销到湖南省，湖南洪江还成为著名的瓦寨斗笠销售中转站。20 世纪 70 年代，瓦寨斗笠获得美国总统尼克松的高度赞誉，随之名声远扬，其产品远销泰国、法国、美国等地。1984 年，瓦寨斗笠还被作为国礼赠送给访华的美国总统里根。瓦寨镇也被誉为“斗笠之乡”。

三穗竹器的种类繁多（如图 34 所示）。从形状上看，有方的、圆的、椭圆的、喇叭状的；从用法上看，有提的、背的、挑的、抬的；从功能上看，有盛饭的、装蔬菜粮食的、筛米晒粮的、放笔的、捉鱼的、遮雨的、养鸟的……竹器的样式不同，其竹篾的破法也不同。斗笠的篾需破得细且要过匀刀；凉背篼的篾要去青、刮光滑，还要染色；撮箕的篾破得粗且硬，编织也较随意；晒席的篾需破得宽而薄。总之，凡盛细东西、作装饰的，篾需破得细而光滑，做工讲究；凡盛粗东西的，篾破得粗而硬，做工相对比较粗糙。

（36）华州竹编

2015 年，华州竹编被列入陕西省第四批省级非物质文化遗产名录。

华州竹编历史悠久，明代《华州志》已有“民常习竹器之艺”的记载。中华人民共和国成立初期，华州成立竹业生产合作社（后改为华县竹艺厂），合作社集合民间竹器艺人，继承和发扬传统竹器制作技艺，并学习外地先进制作工艺，竹艺水平不断提高，竹器品种不断增加，有精细雅致家具、工艺竹编等 40 多个品种，主要产品有沙发、书架、屏风、茶几、座椅、竹筐、帘子等。其中竹编制作选料考究，工艺精湛，样式古朴典雅，美观大方，既具有传统的民族特色，又富有

图 34　三穗竹器

图 35　华州竹编中的带字竹筐和竹编动物

浓厚的生活气息。华州竹编在陕西及西北一带有一定声誉，产品曾先后在北京、西安、广州、天津等地进行展览或展销，还远销日本等国。

华州竹编的主要原料是水竹，也叫作甜竹。因其韧性大、防腐能力强，编织出来的竹器结实、耐用、颜色青亮。华州竹编如图 35 所示。

（37）博爱竹器

博爱竹器是河南焦作市的一种传统手工制品（如图 36 所示）。博爱的许良、月山、磨头 3 个乡约 30 多个村庄都盛产竹器产品，所产竹器产品有 200 余种，其中部分产品相当驰名，被列为名优产品。

博爱竹林具有 2000 多年的悠久历史，据中国先秦古典《山海经》记载，早在春秋战国时期，太行山下、丹水河畔就已有繁茂竹林。汉代以后，

官府在此处还委任了管理竹林的官吏，其中汉代叫司竹丞，隋唐以后叫司竹监。如今竹林主要分布在丹河灌区的许良、月山、磨头3个乡镇，主要竹种有斑竹、筠竹等。

许良竹椅：许良竹椅是选用三年以上的老竹制成，将竹子砍伐后洗净，撒上泥斑，用火熏出各种花纹，然后制成各种竹椅。许良竹椅种类很多，有圆圈椅、躺椅、沙发椅、藤心椅、摇椅等。这些竹椅的竹质好、合口紧，椅面涂清漆，特别是在沙发凉椅靠背上，还刻有各种精巧图案，这使其显得格外美观。许良还生产各种各样的竹桌、茶几、竹花架、竹墙角架等产品。

泗沟篦梳：泗沟篦梳历史悠久，传说唐朝末年，湖南紫红沟人叶静把做篦梳的技术传到博爱县泗沟村，泗沟村人至今仍把叶静敬为祖师。泗沟篦梳有木档、骨档两类，分大木档、二木档、白松梁、大骨档等十多种。这些篦梳有梳发利、不折齿、不批齿、不断梁四大特点。蓖梳上还刻有精美的图案和流利的楷体小字，既美观又大方。

牛磨门帘：牛磨门帘主要有青篾帘、黄篾帘、彩帘三种。青篾帘是家庭常用帘子；黄篾帘是将竹篾剥去头青，用二青做篾织成，结实程度稍差，价格便宜；彩帘为上等门帘，制作精致。彩帘是用拨筛将竹篾拨圆，染上颜色，用五色丝线织成各式各样的花卉和“福”“寿”“喜”等字样，这种门帘价格较高，过去多为官府和富人购买。到清朝时，彩帘曾被作为贡品献入宫廷。中华人民共和国成立前，门帘生产主要集中在大牛磨、小牛磨、皂角树、苏寨等村，以牛磨村生产的门帘最有名，故称其为牛磨门帘。

南道竹篮：南道竹篮分二、三、四、五类产品，有长、圆、方、椭圆等形状。中华人民共和国成立前，以南道村竹篮最为著名。中华人民共和国成立后，竹篮生产发展到赵后、三栗庄、陈范、机房等村，产品畅销于豫、冀、晋、鲁等省。南道竹篮多用甜竹、筠竹制成，不仅样式新颖，而且工艺精致，柔软不变形，结实耐用。

辛庄簸箩：辛庄簸箩是指小辛庄、连张两村

图 36　博爱竹器

编织的簸箩。小辛庄簸箩是圆形的，底层用粗竹篾编成菊花形状，内层用薄篾织成竹面，铺在上面，然后用缘篾包裹。这种簸箩结实耐用，形状精美，为盛粮、盛米之用，是家庭生活常用器具。连张的簸箩，多为长方形，外层也是用粗竹篾编制，但簸箩底不是菊花形状，而且是用硬竹篾编制；内层也是用薄篾编面，且十分严密。这种簸箩多为放米面或喂牲口时拌草料用，因此也叫马簸箩。辛庄簸箕的特点是放米不漏，盛水不透。

中道耙：中道耙的主要特点是耙齿硬、弹性大，弯子牢，竹坚耐磨，齿易抓草。中华人民共和国成立后，竹耙生产从中道村发展到上庄、许良、皂角树等10多个村庄，产品远销河南、河北、山西等省。

下水磨竹筷：下水磨竹筷是用斑竹削制的，有粗、细两种。粗筷也称行筷，制作粗糙；细筷制作精致，上端呈长方形，下端为圆形。下水磨村削制的筷子具有不走样、不变形、遇热不弯等优点。

冯竹园竹筐：冯竹园竹筐是家庭常用的针线筐，圆形，外层是细竹篾编制的，内层用薄篾编面，筐缘里外用两根宽竹片夹住后，缠绕薄篾。缘边的宽竹片有青色的，也有用松柴熏成黑色的。冯竹园竹筐精巧玲珑，是早期当地农家嫁女必备之物。还有一种米筛，大小如圆形针线筐，但内层和底层不同，其外底有一寸见方的空格，内层用细篾织成小方格，便于漏米粒，常为家庭淘菜、盛物之用。

（38）舒席

2008年，舒席被列入国家级非物质文化遗产保护名录。

安徽省舒城县地处江淮之间，属亚热带湿润气候，境内多沙质土壤，适宜竹类植物生长。舒城民间自古就有编织竹席的传统技艺，久负盛名的舒席即产生于此。

舒席历史悠久。舒城境内的战国墓葬中就有竹席的踪迹；西汉墓葬中还曾出土过完整的竹席，其纹理及工艺与后世的舒席基本相同。明英宗天顺年间，舒席被御批为“顶山奇竹，龙舒贡席”，此后身价倍增。舒席色泽鲜艳，柔软光滑，篾

图37　舒席

纹细致，折卷不断，携带方便（如图 37 所示）；夏日使用舒席可消汗。舒席不腐不蛀，经久耐用。舒席还可编入山水人物、流水花卉、飞禽走兽、神话故事等内容，且画面自然优美，因此具有独特的文化价值。舒席不仅是一种具有实用价值的夏令佳品，有的舒席还是一种优美典雅的工艺品。

舒席以水竹为原料，使用小叶水竹编制尤佳。从选料到成席，前后需经过裁料、开竹、破条、切头、划条、起黄、匀撕、蒸煮、染色、刮篾、绘图、制样、编织、收边、检验共 15 道工序。

舒席的传统产品以睡席为主，如今又开发出榻榻米席、枕席、童席、坐垫席、沙发套席、人物字画席、壁画席、茶几垫席等新品种。

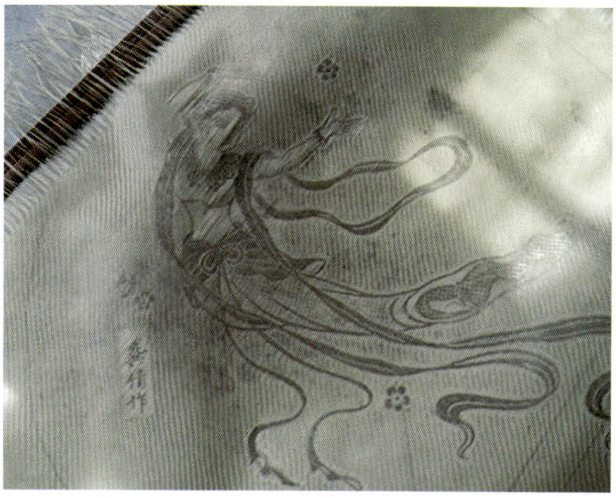

图 38　自贡龚扇（一）

（39）自贡龚扇

2008 年，四川自贡龚扇被列入第二批国家级非物质文化遗产保护名录。

自贡龚扇也称龚扇，是中国传统竹制工艺美术珍品，为蜀中名扇之一。自贡龚扇，晶莹透亮，宛如纨绢，驰名中外。

龚扇于清代光绪年间由民间艺术家龚玉璋在继承其父龚爵五竹编技艺基础上创制而成。在 1886 年四川劝业道周孝怀创办的宝川局“赛宝”会上，龚扇一举夺魁，因而被选送皇宫，光绪皇帝赐名“宫扇”。目前龚扇的制作已经传至龚氏家族第五代。

龚扇制作选料之精，做工之巧，艺术品质之高，工艺之复杂，堪称艺术珍品。龚扇选用一年青的阴山黄竹为原料，先以特制工具加工出透明莹洁、细如发丝的竹丝，再按名家书画创作那样行丝走篾，精心地穿、吊、镶、破，巧妙结构，以再现原作神韵（如图 38、图 39 所示）。因龚扇扇面有如绫绸，因此观者常误认其为素丝织锦。有些龚扇采用白牛角做扇把，饰以丝质流苏，于是更显其高贵。这种用自然材料制作且包含民族

图 39　自贡龚扇（二）

文化题材内容、形式朴实、风格细腻的竹丝制品展现了我国民间传统工艺制作的高超水平。

（40）惠州竹编

广东惠州竹编的传统产品有竹台、竹椅、竹床、竹箩、竹篷、竹扫帚等生活用品（如图40所示）。

现在惠州除了生产传统的竹编产品外，还生产竹帆船、竹笔筒、竹香炉、竹花瓶（包括挂壁花瓶）、竹器玩具（如孔雀、剑等）以及竹编装饰品等竹器。

惠州竹编以质地优良的苗竹、黄竹为主要材料，经过浸药、杀虫、消蛀，再经过车筒、喷漆以及画面、贴、刻等装饰工序制成产品。惠州现代竹编具有造型朴实大方、雅俗共赏的艺术风格。例如竹帆船造型精巧逼真；笔筒、挂壁花瓶简朴美观。有的产品既实用又可供欣赏，如竹编扇帽，不仅色彩斑斓，令人赏心悦目，还可当扇子和帽子使用，因此别具一格。

图40　惠州竹编

第1章 浙江竹器

浙江省竹林面积大，有悠久的传统竹器制作历史。浙江地区的竹器历史最早可追溯到4000～5000年前。浙江省嵊州竹编、东阳竹编等竹器在国内外均具有一定的影响。以浙东地区为代表的“工艺竹篮”自清代中期以来一直享有盛誉，是我国传统竹篮中的代表。浙江省竹器产业现代化发展的速度较快，涌现出一批具有现代工业生产技术和生产理念的竹器企业，特别是在现代竹制日用品的研制和生产领域成果丰硕。另外，浙江省还十分注重竹文化的保护和传承，如建立了首家中国竹子博物馆等。

一、中国竹产业最繁荣的地区

从竹器的地域发展来看，无论是传统手工业时期还是现代工业化时期，浙江省都是我国竹产业最繁荣的地区。

从传统竹器的发展来看，中国最早的竹器大多数是在浙江地区被发现的，发现竹器的新石器时代的人类遗址有钱山漾遗址、尖山湾遗址、毗山遗址。特别是在钱山漾遗址，一次性发掘竹器200多件，当时竹编工艺已有十字编、人字编、三角编、多经多纬等多种不同的技法。经过数千年的发展，浙江竹器逐渐成为人们日常生活中的常见用品。明清时期，浙江的工艺竹篮有套篮、食篮、考篮、香篮、挈篮、鞋篮等固定的形式和称谓。在清代，浙江的工艺竹篮是贵族商贾热衷使用的竹器。工艺竹篮为浙江的竹器赢得了良好的声誉。

从现代竹器的发展来看，现代竹产业的发展离不开现代化工业生产手段。浙江省作为我国经济发达省份，竹器的现代化发展也走在时代前列。如今，浙江省内拥有大大小小的现代竹器生产企业数千家，仅浙江安吉县2016年统计的竹制品企业就有近200家，规模以上竹制品企业61家，年产值近200亿。国家林业局《中国林业统计年鉴2014》中的相关数据表明，浙江省在2014年的竹产业产值达到451.84亿元，约占全国竹产业产值的四分之一。同时浙江省申请的与竹制品相关的国家专利达到7464件，占全国竹制品相关专利的22.78%，也接近全国总量的四分之一。可见在全国竹器的现代产业化过程中，浙江省竹器占有重要的地位。

二、工艺竹篮为浙江省代表性竹器

浙江的传统竹器品类齐全，具有代表性的竹器是浙东地区的工艺竹篮。

浙东传统的工艺竹篮，精巧美观，牢固耐用，其中嵊州编织的工艺竹篮最负盛名。嵊州工艺竹篮有长方体、圆柱体、多边体，还有八角体、圆角方体等外形，可以说是千姿百态，各有特色。在编织技法上有挑压编、拉花编、实编、空编，编工十分精细，所用的篾丝有的竟达到120根起寸（即每一寸内可排列120根篾丝）。篮身大多层层相套，形如宝塔，因此工艺竹篮又称被为“塔篮”“脱篮”或“托篮”，玲珑剔透。竹篮层高一般二至三层，多的达四层或五层，上面一层往往是“朗”层。朗层用镂空编织，编篾疏朗，工整规范。常见的编织图案有白藤胡椒眼、六洞眼、菊花串丝等。下面几层则大多用“挑一压一”的技法精细编织，篾丝根根紧靠，密不透风。

套篮：是传统工艺竹篮中使用最多的一种，两只一副，一般用肩挑。篮盖上用泥金写着祠堂名和家族姓。肩挑的扁担也是特制的，中间厚而阔至两端渐薄、渐狭，端头镶有铜质镂花装饰。

套篮一般是给办寿诞或造屋等有喜事的人家送贺礼时用的，篮内盛放食品。

食篮：也是送礼物时用的盛具，比较小，是手提的，一般是两到三层，编织和做工均十分精细。当然也有大型食篮，须两人抬，主要是用于祭祀时盛放菜肴。

香篮：比食篮略长，专门用来盛放香烛之类的供佛用具，一般在两层以上，有长方体和八角长方体等形式。

考篮：又称书篮或账篮，四周和提柄镶有铜质图案。旧时专门供文人和书生盛放文房四宝和书籍之类用品。明清两代，江浙一带书生赴京赶考时，就常用这种篮子。

挈篮：只有单层，篮身呈碗形，提柄如元宝，小巧精雅，一般为在孩子周岁和节日时送礼物的盛具。

鞋篮：只有单层，无盖，是民间妇女做针线活时的盛具，在江浙一带使用得十分普遍。因为旧时妇女的大部分针线活是制鞋，故称鞋篮。

三、现代竹产业品类齐全

浙江省的现代竹产品企业的产品线分布较广，从最基本的竹制集成材及竹地板等，再到基本的一次性竹筷及其他日用竹器，如竹制的茶杯、罐、瓶等，再到竹制的各类文化用品，如竹制的笔、笔盒、笔记本等，再到各式的竹制灯具等，一应俱全。在安吉市的竹器市场还可以看到不同形式的竹家具，如圆竹制作的现代竹沙发，竹集成材制作的竹椅、竹柜，竹编与竹板制作的竹柜、竹沙发，等等。浙江现代竹制品品类齐全，即使同一类竹器也是形式多样。

另外，浙江省的竹制工艺品、竹炭制品等也是品种丰富、品类齐全。

四、注重竹文化的保护与传承

浙江省非常注重竹文化的保护和传承，并从竹文化的保护和传承中找到了竹文化产业化发展的路径。

例如，1996年浙江安吉建成了中国第一家，也是唯一的一家“中国竹子博物馆”。该博物馆从竹子历史、资源、栽培利用、工艺品、文学艺术及国际竹器等不同的方面陈列了我国竹器造物及竹文化的大量翔实资料，对我国竹文化的保护与传承起到了重要的作用。经过多年的发展和完善，中国竹子博物馆现已经成为我国竹文化的集中展示地。

在保护竹文化的基础上，浙江省还将中国竹子博物馆扩展为中国竹子博览园，发展竹文化的旅游、展示等体验经济。竹文化的体验是在保护竹文化基础上的一种创新性传承，体现了竹文化产业发展的新理念。

另外，浙江省还通过文博会（文化创意博览会）、中国美术学院等机构推广竹文化。杭州每年的文博会，都将竹文化的创意发展列为重要内容；中国美术学院在2018年4月至7月还举办了“东方竹——亚洲生活艺术展”活动。浙江省为我国竹文化的保护和传承树立了良好榜样和做出了重要贡献。

1.1 湖州竹器

1

2

3

中国竹子博览园园区内竹器

拍摄：张小开、孙媛媛（2016年）

1. 竹廊　2. 竹雕塑　3. 现代竹椅　4. 大型竹吊灯
5. 竹墙　6. 竹吊灯　7. 竹墙

8

9

10

11

12

13

14

15

16

17

8. 竹公共艺术　9. 竹制壁画　10. 竹花盆　11. 竹垃圾桶　12. 竹垃圾桶
13. 竹制内饰墙　14. 竹制窗户　15. 竹制室内装饰　16. 竹制户外桌椅　17. 竹亭

安吉县某农家小院竹屋

拍摄：张小开（2007年）

1. 竹制门头　2. 竹制廊架　3. 竹制廊架

安吉县竹器市场某竹器店竹器

拍摄：张小开（2007年）

1. 竹沙发及竹茶几　2. 竹座椅　3. 竹摇椅　4. 竹吊灯

安吉县中国大竹海某竹器店竹器

拍摄：张小开、孙嫒嫒（2016 年）

1. 竹器店内各式竹器
2. 竹斗笠
3. 小竹篮
4. 长竹篮
5. 竹菜罩
6. 竹筛
7. 小竹架
8. 竹茶杯
9. 竹筛与竹簸箕等

2

3

4

5

6

7

8

9

安吉县某灯具厂生产的竹灯具

图片来源：张小开根据网上资料整理（2015 年）

1

2

3

1 — 3. 各式小竹吊灯
4. 竹壁灯
5 — 6. 竹台灯
7 — 8. 竹落地灯
9. 竹台灯

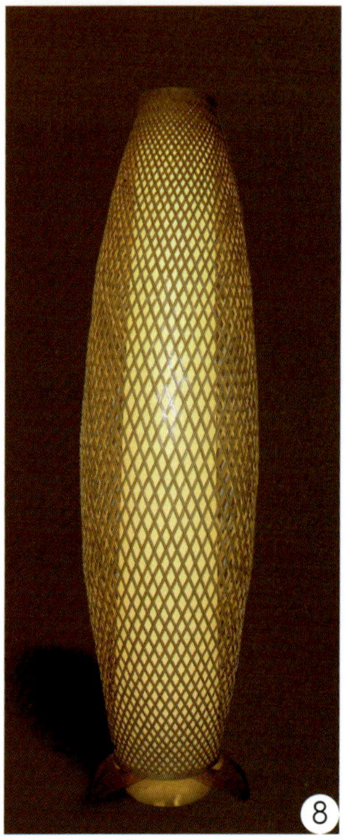

莫干山竹器

拍摄：张小开（2013年）

1. 竹器店内各式竹器
2. 竹耙等
3. 方竹筐

1.2 杭州竹器

杭州市文博会中的竹器

拍摄：陈立萍（2016 年）

1. 各式竹座、竹垫　2. 竹胎编　3. 竹茶垫　4. 竹梳、竹香炉、竹笔等
5. 竹花器 / 工艺竹篮　6. 小竹篮

功夫
KUNG FU
4

5

6

临安市某竹木业有限公司生产的竹器

图片来源：http://www.zenbamboo.cn/

1

2

3

4

5

6

1. 竹风铃 2. 竹杯托盘 3. 竹眼镜盒 4. 竹杯 5. 竹水瓶与竹杯 6. 竹菜板

7. 竹茶托　8. 竹平板电脑架　9. 竹杯　10. 竹水瓶及竹杯、竹盘套件
11. 竹笔记本　12. 竹笔及竹笔盒、计算器等　13. 竹罐　14. 大竹杯和竹水瓶

1.3 宁波竹器

慈溪古镇竹器

拍摄：张小开、孙媛媛（2016 年）

1. 慈溪古镇某竹器店竹器
2. 竹摇篮
3. 竹吊篮
4. 大竹簸箕
5. 竹箩
6. 竹渔具
7. 带柄竹箕
8. 竹套篮

①

2

3

4

7

5

6

8

9. 圆淘米篮　10. 竹箩　11. 竹箕套件　12. 针线篮 / 鞋篮
13. 六边套篮 / 挈篮　14. 竹箩　15. 考篮

宁海竹器

来源：http://www.nhly.net/bbs999

1. 竹套篮　2. 饭篮　3. 竹盒　4. 竹筛　5. 竹菜罩　6. 高低竹椅

7

8

9

10

11

12

7. 竹水瓶套　8. 竹箅　9. 竹渔篓
10. 竹筛　11. 竹渔篓　12. 竹筐

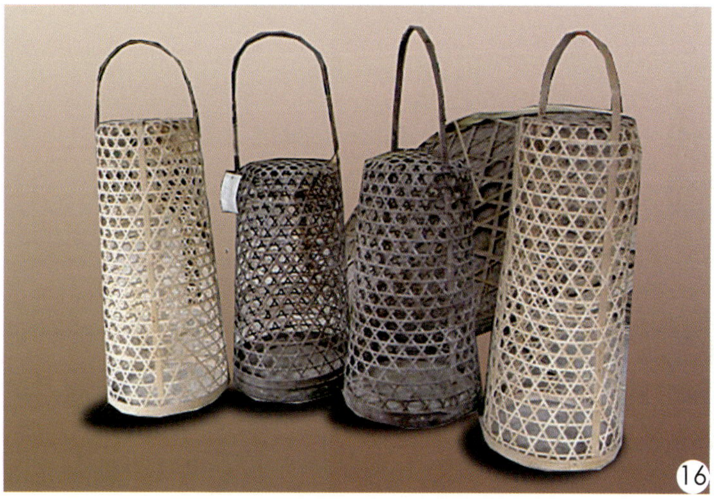

13. 小竹篮 14. 竹罩 15. 牛嘴兜
16. 竹提灯 17. 带提梁竹箕

1.4 丽水竹器

丽水市景宁竹器

拍摄：郭洪刚（2016 年）

1. 竹制大门
2. 针线篮 / 鞋篮
3. 竹果盘
4 — 5. 带盖竹篮（组合件）
6. 竹罐　7. 竹烟斗
8. 竹窗　9. 竹筛

①

2

3

4

5

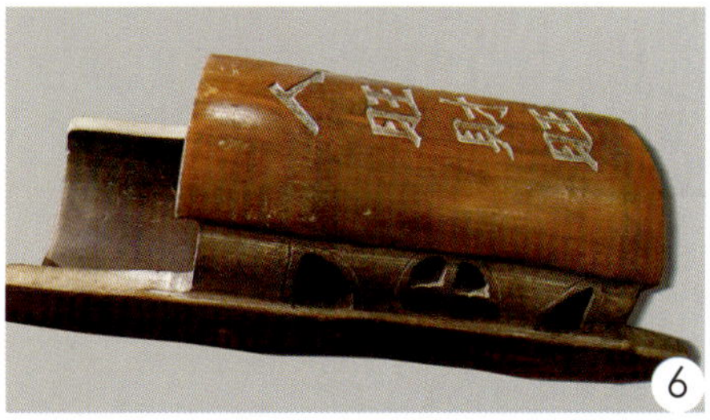
6

7

8

9

10. 竹套篮
11. 挈篮
12 — 13. 针线篮 / 鞋篮
14 — 15. 针线篮 / 鞋篮

1.5 浙江其他地区竹器

嵊州竹编

图片来源：绍兴市非物质文化遗产网

1. 竹编工艺亭 2. 竹编人物

3. 竹制动物　4. 竹编动物　5. 竹套篮　6. 竹编熊猫　7. 竹编虎

东阳竹编

图片来源：第八届中国（东阳）木雕竹编工艺美术博览会等

1. 竹编松鼠一家　2. 竹工艺套篮
3. 竹碗 / 竹盒　4. 竹碗 / 竹盒

舟山竹器

拍摄：张小开、孙媛媛（2016 年）

1. 竹斗笠　2. 矮竹篱笆　3. 竹篱笆
4. 大竹筐　5. 竹墙　6. 竹墙

①

④

②

⑤

③

⑥

第2章

江苏竹器

江苏省现有竹林面积较小，但是江苏省竹林的分布比较集中，主要分布在宜兴、溧阳等南部地区。相应的，江苏省的竹器发展也集中在南部地区。

从总的发展情况来看，江苏省竹器的发展在很多方面受浙江省影响，江苏、浙江两省的竹器在总体特征上具有相似性。例如，在江苏的传统竹篮中有浙江一带工艺竹篮的身影；竹编器形、编织手法、精细程度、图案制作等均有相似性。

一、竹产业总量不大

国家林业局《中国林业统计年鉴 2014》中相关数据显示，江苏省 2014 年全省竹产业的产值为 7887 万元，占全国总量的 0.04%。从江苏省竹林面积占全国 0.46% 的比例来看，江苏省竹产业的经济产值是较低的。竹产业在江苏省没有得到充分发展。

二、拥有著名的竹文化创意品牌企业

江苏省虽然竹产业总量不大，但是总部设在苏州的竹器品牌“绿竹翁”公司是江苏省为数不多的竹文化创意品牌企业之一。该企业主要设计制作现代日用竹器，是一个较典型的文化创意品牌企业。该品牌竹器大多是经过创新设计的新型日用竹器，与一般的竹器企业相比，“绿竹翁”更加注重设计符合现代人审美需要的新式竹器，虽然其涉及竹器领域较小，却是我国现代竹器设计和制作转型的重要探索者。

三、注重竹文化资源的保护与开发

江苏省十分注重竹文化资源的保护与开发，如溧阳境内的南山竹海项目建设及南山竹海竹文化博物馆的建设等。

南山竹海项目建设是对溧阳竹资源的一种有效保护，也为溧阳竹文化产业的发展提供了契机和平台。如今南山竹海周边已有十余家竹器店，竹器店里既有传统的日用竹器，也有现代的产业化竹器。虽然不乏从外地引进的竹器品种，但南山竹海项目建设为传统竹器和现代竹器提供了一个展示的平台，这个平台有力推动了当地竹产业的发展。

南山竹海竹文化博物馆是江苏省代表性竹器和竹文化的展示平台。竹文化博物馆占地面积约 4000 平方米，展示了包括竹资源在内的传统日用竹器、现代产业化竹器，以及竹刻、竹雕、竹炭制品、竹制乐器等不同类型的竹器产品，充分体现了包括溧阳竹器在内的现今江苏省传统竹器的发展状况。

2.1 苏州竹器

苏州平江路某竹器店竹器

拍摄：王珊（2014 年）

1. 某竹器店
2. 店内场景
3. 竹筐
4. 竹搁物架
5. 竹扇、竹篮
6. 竹套筐
7. 竹廊架
8. 竹编吊灯
9. 竹编吊灯
10. 竹编吊灯
11. 竹流水器
12. 竹搁物架
13. 竹套筐
14. 竹吊灯
15. 竹落地灯
16. 竹台灯
17. 竹家具
18. 竹椅
19. 竹流水器

2

3

4

5

6

7

8

9

10

11

12

13

14

15

16

17

18

19

20. 竹垫　21. 竹灯　22. 竹相框　23. 竹吊灯
24. 竹编筐　25. 竹扇　26. 圆竹扇　27. 竹伞

尼莫老物新颜竹器

图片来源：https://shop105458210.taobao.com

1

2

3

4

5

6

7

8

9

1. 竹椅　2. 竹书架　3. 竹儿童椅　4. 竹篮盖　5. 竹篮　6. 小竹篮　7. 针线篮　8. 针线篮　9. 针线篮局部
10 — 14. 各式竹椅　15. 竹凳　16. 竹火炉　17. 竹火炉　18. 考箱　19. 竹筐　20. 竹筐　21. 考篮

10

11

12

13

14

15

16

17

18

19

20

21

2.2 溧阳竹器

溧阳某自酿酒酒店竹器

拍摄：张小开、孙媛媛（2016 年）

1. 竹筷笼 2. 竹渔篓 3. 竹筐 4. 竹箕 5. 竹斗笠

溧阳某旅游纪念品店竹器

拍摄：张小开、孙媛媛（2016 年）

1. 竹工艺品 2. 竹茶船 3. 小竹椅 4. 竹筒 5. 竹搁物架 6. 小竹凳 7. 小竹凳 8. 小竹凳 9. 竹斗笠 10. 竹根工艺品 11. 竹枕 12. 竹盒 13. 圆竹篮 14. 竹筛 15. 竹簸箕 16. 带盖竹篮 17. 长竹篮 18. 竹根托 19. 竹筛底部 20. 竹编扇

6

7

8

10

9

11

12

13

14

15

16

17

18

19

20

溧阳某筷子店内竹器

拍摄：张小开、孙媛媛（2016 年）

1

1. 筷子店内的各式竹器

溧阳南山竹海某竹艺坊竹器

拍摄：张小开、孙媛媛（2016年）

1. 竹艺坊内各式竹器　2. 竹筷　3. 竹箕　4. 竹茶壶、竹盘
5. 竹制托架　6. 竹茶具套件　7. 竹茶船　8. 竹筐　9. 竹筛

2

3

4

5

6

7

8

9

10. 竹茶具套件　11. 小竹筐　12. 竹筐、竹罐
13. 竹渔篓　14. 竹筐、竹篮　15. 竹菜罩

16. 竹编帽　17. 竹折叠帽　18. 竹杯　19. 竹杯　20. 竹烟灰缸
21. 竹烟灰缸　22. 竹手提包　23. 竹手提包

2.3 宜兴竹器

宜兴首届竹器旅游商品创新大赛展示的竹器

拍摄：张小开（2015 年）

1

2

3

4

5

6

7

1－3. 各式竹台灯 4. 竹键盘、竹计算器等
5. 竹扇 6. 大竹篮 7. 制作紫砂壶的竹工具
8. 大竹床

8

第3章 安徽竹器

安徽省竹资源丰富，不仅拥有我国十大竹乡之一的广德县，而且还拥有霍山县、黄山区、宁国市等竹林区。竹林在全省分布广泛，长江以南地区的竹林分布面积要大于长江以北地区。

一、拥有著名的传统竹器品牌

在安徽省的传统竹器中，舒席、徽州竹雕两个地域品牌最为著名，且均具有一定的发展历史。这两个传统的地域竹器均入选国家级非物质文化遗产名录，体现了安徽省竹器有着自身的特色和文化积淀。

舒席的产地主要在安徽省舒城县一带。舒城县位于安徽省中部，在明清时期，舒城县还包括了安庆的潜山、怀宁等县，由此可见，安徽省中部竹材的材质同样优良。以舒席为代表的当地竹器还包括各种日用竹器和生产竹器等竹制品。

徽州竹雕同独特的徽文化相融相生，与徽州地区的木雕、砖雕、石雕等一起成为徽州雕刻艺术的重要组成部分。徽州竹雕最大的特点是其背后蕴含着丰富和独特的徽文化。

三、竹产业发展较好，但未形成现代竹制品的品牌效应

国家林业局相关统计数据显示，2014年安徽省竹产业产值达165.28亿元，占当年全国竹产业总产值的8.96%。相比安徽省竹林面积在全国所占的比例，安徽省的竹产业在总体上发展是较好的。在竹产业中，竹材人造板是安徽省竹材生产的主要产品，其生产企业较多，仅广德县就有竹材加工企业600余家，2015年广德县实现竹业产值79.02亿元。

安徽省的竹产业虽然有较大体量和较大规模，但现代竹器未形成良好的品牌效应；以竹材、竹笋、人造板等初加工产品居多，高附加值的竹器产业则没有形成主体。安徽竹器生产向现代化转型还有很大的发展空间。

三、申请竹产品的专利多，但开发文化创意的竹器少

国际竹藤中心的相关资料显示，截至2015年，安徽省申请的竹制品相关专利累计已达3200多件，在国内各省（市、自治区）中排名第三，仅次于浙江省和江苏省，占全国竹制品专利申请总量的10%，说明安徽注重竹制品的专利保护。

但安徽竹器在产业化发展过程中，大多以传统的竹器形式出现，传统竹器需要手工或半手工制作，产量有限，且产品适用的领域有限，因此竹器的附加值相对较低。而以现代工业生产为基础的竹制产品大部分集中在人造板领域；竹制日用品则主要集中在使用量比较大的果盘、竹帘、竹盒等传统竹器上；以竹文化为基础的有创意、高附加值的竹器设计和制造企业较少。

四、传统竹器品种丰富，但使用领域越来越小

安徽传统的手工竹器品类繁多，部分竹器有良好的声誉和特色。例如，除了在当地家喻户晓的舒席外，还可以看到独具特色的竹制婴儿床、落地婴儿筐（床）、腰篮、喜篮、“气死猫”、淘米篮等竹器。这些竹器虽然在做工上不如浙江工艺竹篮精美，但编织精细、结实耐用，是十分成熟的日用竹制品。

随着现代城市的快速发展，传统竹器在该地区的使用空间被逐渐压缩，大量使用传统竹器的地方主要集中在乡镇和山区，城市中传统竹器的使用量越来越少。

3.1 六安竹器

六安市竹器大市场竹器

拍摄：张小开、孙媛媛（2016 年）

1 — 4. 竹器店内各式传统竹器

5. 大竹筐　6. 大竹扫帚　7. 竹片　8. 竹制折叠床　9. 竹制折叠椅　10. 竹片编织的竹板

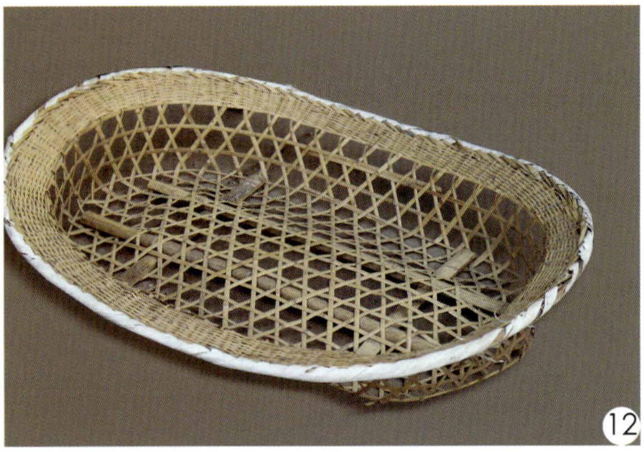

11. 腰篮　12. 婴儿床　13. 竹簸箕　14. 腰篮　15. 竹筛、竹簸箕
16. 竹箩　17. 竹菜板　18. 竹箅

19. 竹躺椅　20. 竹摇椅　21. 竹编斗笠　22. 竹箨斗笠
23. 竹簸箕　24. 竹簸箕　25. 喜篮　26. 竹筛

27. 竹篮　28. 竹扁担　29. 竹帽　30. 竹梯　31. 竹制桶用提梁

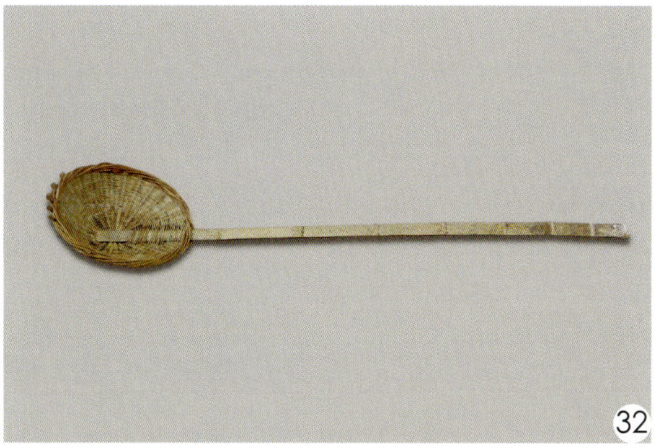

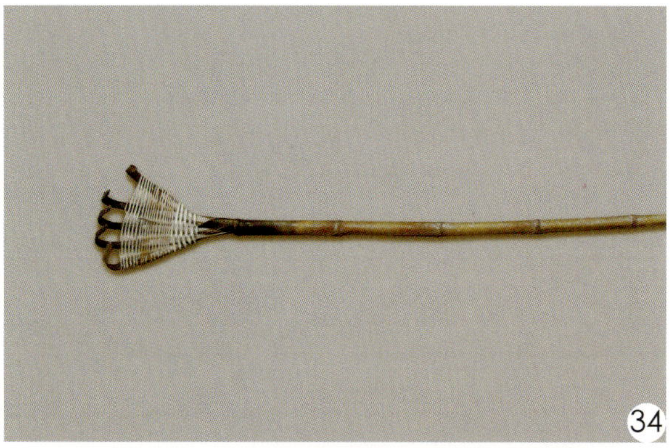

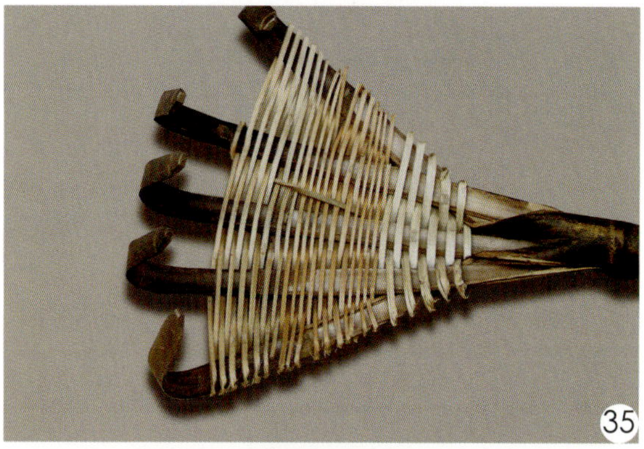

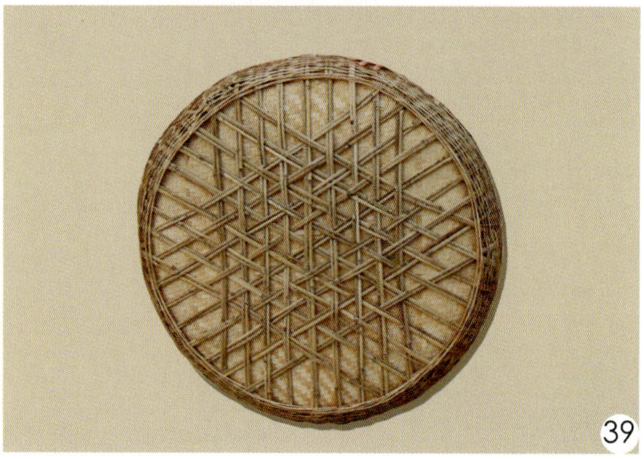

32. 笊篱　33. 笊篱　34. 竹耙　35. 竹耙　36. 气死猫
37. 气死猫　38. 大竹簸箕　39. 大竹簸箕

舒城县孔集镇竹器

拍摄：张小开、孙媛媛（2016 年）

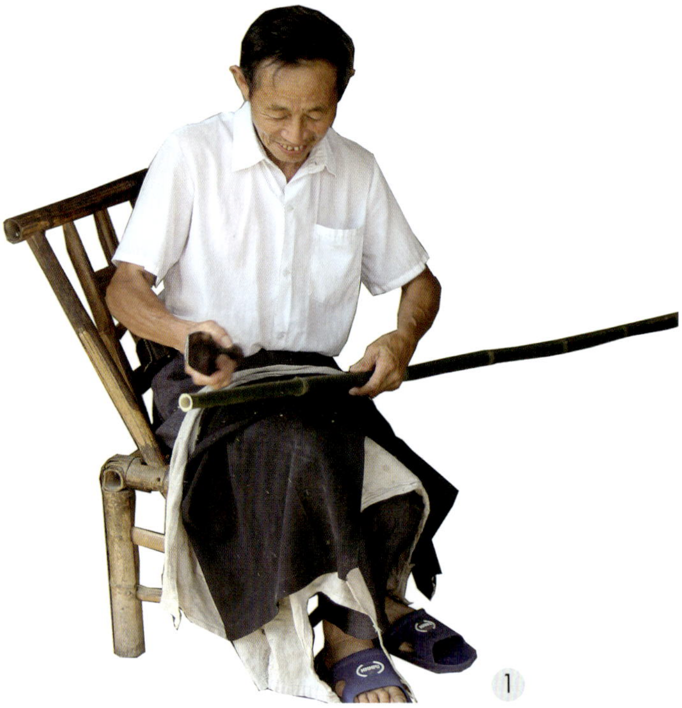

①

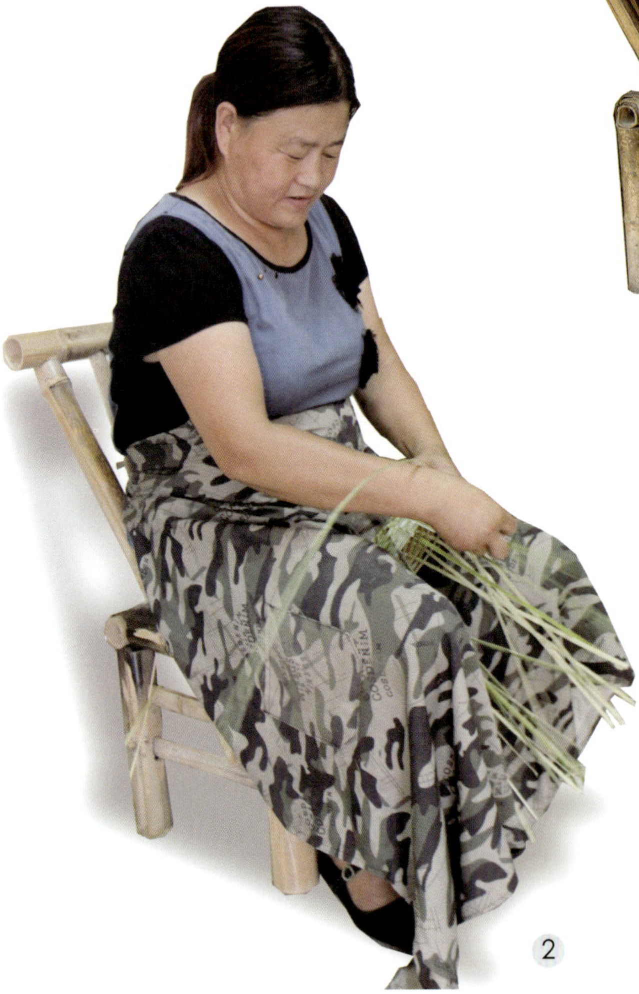

②

1. 竹艺人破篾
2. 竹艺人编竹器
3. 竹筐
4. 竹筐底部
5. 竹盘
6. 竹盘底部
7. 圆竹筐
8. 圆竹筐底部

3

4

5

6

7

8

9. 小竹筐　10. 小竹筐底部　11. 方竹筐　12. 圆竹筐　13. 小提篮
14. 小提篮侧面　15. 方竹筐　16. 方竹筐底部

17. 长竹筐　18. 长竹筐　19. 竹篮　20. 带柄竹舀
21. 三角竹盘　22. 提梁竹篮　23. 竹簸箕　24. 竹簸箕底部

25. 竹菜罩　26. 竹菜罩　27. 小提篮　28. 竹灯罩
29. 提梁淘米篮　30. 梁篮 / 花篮　31. 三角竹盘　32. 三角竹盘底部

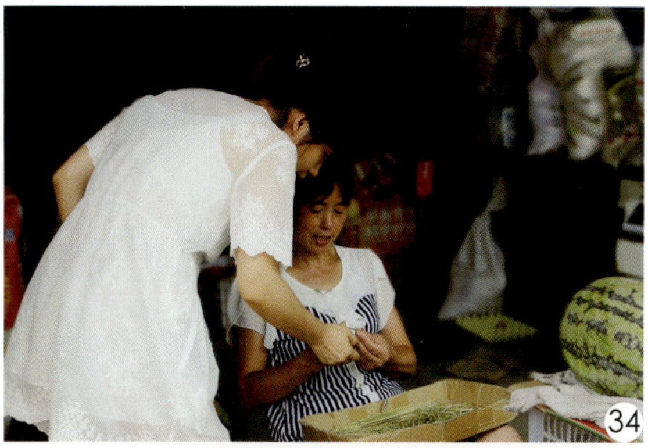

33. 竹水果签　34. 竹水果签　35. 斗笠　36. 竹帽
37. 小竹罐　38. 竹筒碗　39. 腰篮　40. 竹烘罩

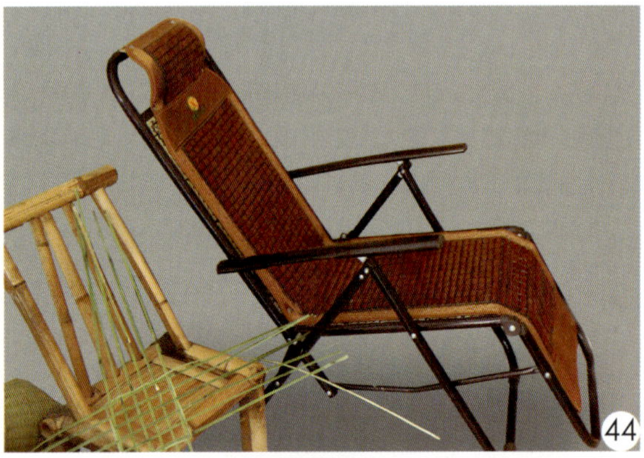

41. 竹渔篓　42. 竹垃圾桶　43. 竹椅　44. 竹躺椅　45. 舒席　46. 舒席

舒城华竹实业有限公司竹器

图片来源：安徽省舒城华竹实业有限公司网站

1－5. 竹托盘　6. 竹托盘及竹帘

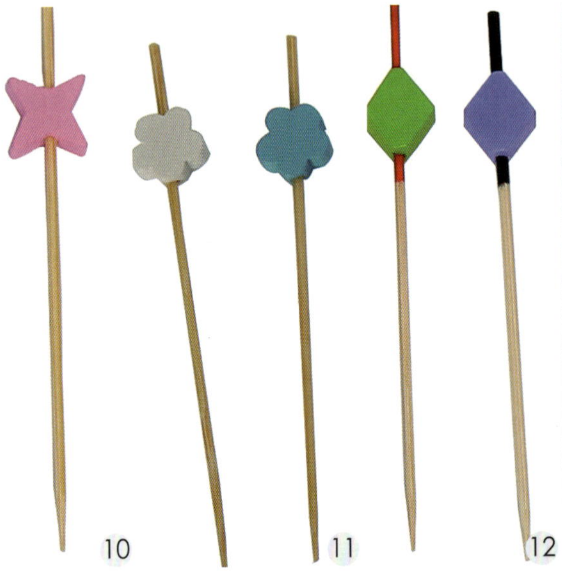

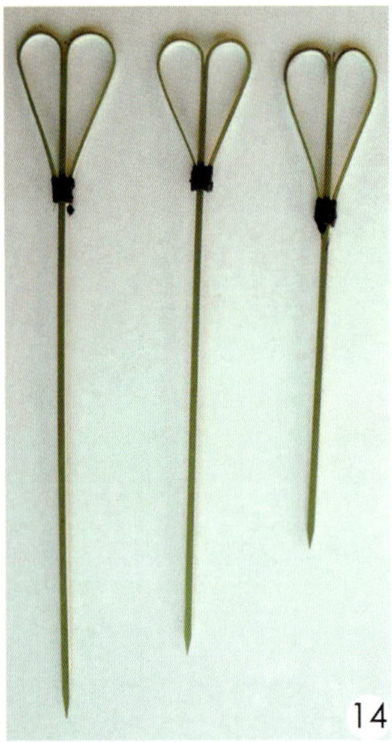

7 — 9. 竹蜡烛容器　10 — 14. 竹水果签

15

16

17

18

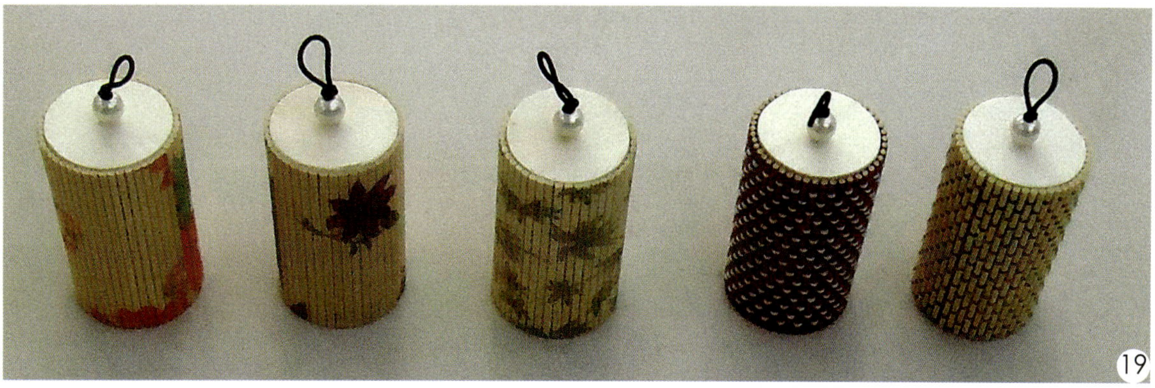
19

15 — 19. 竹盒

3.2 徽州竹器

祁门竹器

拍摄：张小开、孙媛媛（2016 年）

1

2

3

4

5

6

7

8

9

10

11

12

13

14

1. 竹篮、竹箕、竹筐　2. 竹篮、竹箩　3. 竹篮　4. 竹晾衣架
5. 竹篱笆　6. 大竹晾衣架　7. 长竹篮　8. 竹枝篱笆　9. 竹制发声装置
10. 竹筷笼　11. 竹茶烘（套件）　12. 竹摇床　13. 竹烘炉　14. 竹伞撑

15. 竹筛　16. 带提梁竹簸箕　17. 提梁淘米篮
18. 提梁淘米篮　19. 竹制发声装置　20. 斗笠

3.3 芜湖竹器

芜湖竹编

拍摄：张小开、孙媛媛（2015 年）

①

1. 各式竹编篮 2. 带字竹簸箕 3. 带字竹簸箕
4. 长竹篮 5. 长竹篮 6. 竹渔篓 7. 竹渔篓

3.4 广德竹器

1. 竹丝刷　2. 圆竹篮
3. 扁竹筐　4. 竹蒸笼

5

5

6

7

8

9

10

11

12

13

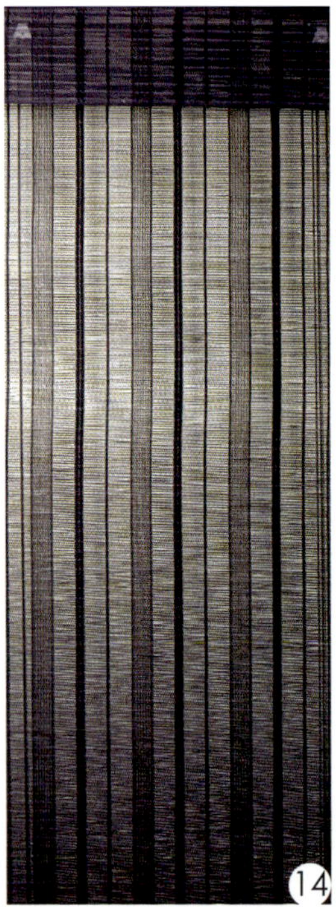
14

15

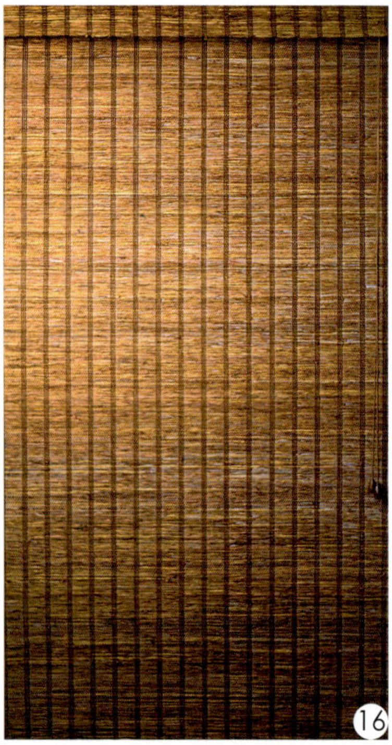
16

17

18

5. 竹床　6. 竹床　7. 竹课桌椅　8. 竹餐桌椅　9. 小竹椅
10. 竹凳　11. 竹椅　12. 竹摇椅　13 － 16. 各式灯帘
17. 竹编电缆外包装　18. 竹篮

第4章 福建竹器

福建省竹资源丰富，2011年全省竹林面积为104.15万公顷，居全国首位，占全国竹林面积的15.48%。境内拥有中国最多的竹乡，有“中国十大竹乡”之称的建瓯、顺昌，还拥有永安、沙县、武夷山、龙溪等竹林区。福建竹器造物历史悠久。省内有安溪竹编和莆田竹刻两个国家级非物质文化遗产保护项目。

“永安竹天下”为福建省首个“全竹元素”项目，同时，“永安九龙竹海”“武夷竹海”等竹乡特色旅游开发项目也获得蓬勃发展。

一、竹产业总量大

国家林业局统计结果显示，2014年福建省竹产业总量为409.3亿元，仅次于浙江省，排名全国第二，占全国总量的五分之一。根据2011年国家统计的数据，可以看出在福建省的竹产业中占比重较大的是竹制日用品和竹材人造板，分别达到59.51万吨和46.53万吨；其次是竹地板，产量为19.06万立方米；竹家具的产量相对较少，为6.69万件。因此，从总体上看，福建省的竹产品主要集中在竹制日用品和竹材人造板上。

二、传统竹器编织手法多样

福建省传统竹器的主要代表是安溪竹编。安溪竹编有多种不同的编织方法，主要有十字编、人字编、六角编、螺旋编、圆面编、纹丝编等6类普通编织法和穿篾编、穿丝编、弹花、插筋、硬板花、花箍、打结、画面编等8类特殊编织法，还有收束和夹口技法，由此产生了菱花、菊花、龟背、花眼、六角眼、硬板花、花箍、蝴蝶结、知了结、各色弹花、案花、各种动植物纹理等，且产品造型丰富、色彩明快、淡雅清新、精巧实用。

从安溪竹编6种不同的普通编织法和8种特殊编织法中可以看出，以安溪竹编为代表的福建传统竹器表现形式多样，发展较为成熟。

三、竹器结构设计精巧

竹制子母轿椅是福建省生产的竹制品中比较有代表性的一种。子母轿椅首先具有儿童座椅的功能，因此在结构上为儿童设计了一个外包围式保护结构；同时又将子母轿椅设计成翻转后供成人坐的竹凳子。这种竹制轿椅看起来虽然很平常，但结构设计十分精巧，特色十分鲜明。

类似于子母轿椅这种在结构上的创意性设计，在福建传统的竹制躺椅、竹床都有所体现。福建竹器大多注重对结构的精心设计。

四、传统竹制家具种类较多

在福建省的传统竹器中，除了一般日用竹器品外，竹制家具的形式和品种也比较丰富，如南坪地区的竹制家具基本上都采用圆竹及竹片制作，很少使用竹编。福建省竹制家具主要有竹凳、竹椅、竹桌、竹躺椅、竹沙发、子母轿椅、竹书架、竹花架、竹禅椅、折叠躺椅、组合桌椅等，种类齐全，说明福建省传统竹制家具不仅制作工艺较为成熟，而且产品呈系列化。

五、现代竹制家具特色鲜明

福建现代竹制家具贴近现代人的生活方式，注重吸收现代家具设计理念，充分利用竹材料的特性，这表明福建现代竹制家具已走上创新发展之路。以福建省“节节通”品牌竹家具为例，该竹家具制作使用的是竹集成材，而非圆竹；在设计中重视依据竹材材料的特性和人们的使用需要来制作，如弯曲结构的座椅和凳子、波浪形态的竹制屏风、较长结构的竹制挂衣架等，均具有现代家具以人为本的特色。

4.1　建瓯竹器

1. 摩托车货筐　2. 竹筐　3. 摩托车货筐　4. 竹菜罩
5. 竹斗笠　6. 竹菜罩　7. 竹菜罩　8. 竹笼　9. 竹筐
10. 竹筐　11. 制作竹麻将席　12. 竹麻将席
13. 圆竹帽　14. 竹帽　15. 竹箩　16. 笊篱

建瓯市徐墩镇竹器

拍摄：张小开、孙媛媛（2006 年）

1

3

2

4

5

6

7

8

9

10

11

12

13

14

15

16

建瓯市某竹器店竹器

拍摄：张小开、孙媛媛（2006 年）

1. 竹器店内各式竹器　2. 竹筐　3. 竹斗笠
4. 竹丝刷　5. 竹丝刷　6. 竹笊篱　7. 竹笊篱（底部）
8. 子母椅　9. 子母椅　10. 竹簸箕、竹筛
11. 儿童椅　12. 笊篱

1

2

3

4

5

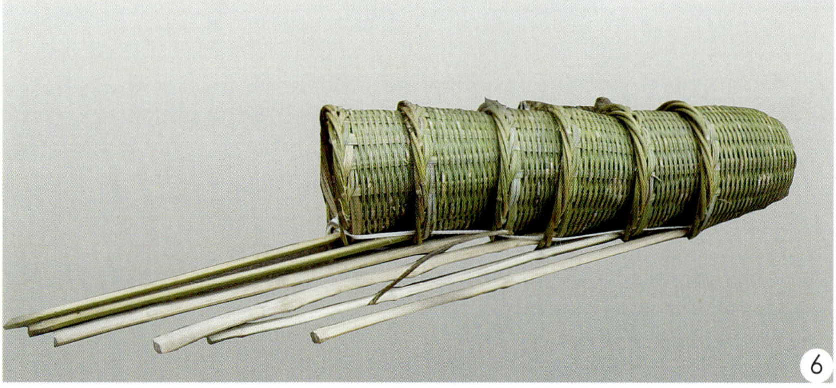
6

7

8

9

10

11

12

4.2　福州竹器

福州市博物馆竹器

拍摄：张小开、孙媛媛（2006 年）

1. 竹瓶　2. 高脚竹盘　3. 竹筐　4. 竹套篮　5. 竹套篮　6. 竹筐

福州市排尾路某竹器店竹器

拍摄：傅宝姬（2016 年）

1. 竹椅　2. 竹篮　3. 竹篮　4. 竹渔篓
5. 儿童用站椅　6. 儿童用站椅
7. 儿童椅　8. 竹渔笼　9. 竹菜罩

1

2

3

4

5

6

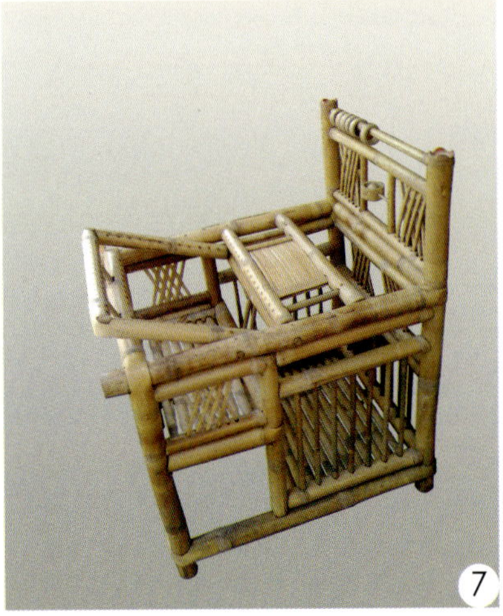
7

8

9

福州市某工艺品公司的竹产品

拍摄：傅宝姬（2016年）

1－4.竹瓶

5. 竹筐　6. 竹瓶　7. 竹筐　8. 竹盘　9. 竹瓶　10. 小竹篮

11. 竹瓶 12. 竹瓶 13. 竹盒 14. 竹框镜 15. 竹盘

16

17

18

19

16. 竹躺椅
17 — 19. 竹盘

4.3 永安竹器

福州市某竹具科技有限公司生产的竹制办公家具

图片来源：节节通竹具科技公司官方网站

1. 各式竹制组合家具　2. 各式竹制组合家具

福州市某竹器店竹器

拍摄：赵熙斌（2016 年）

1. 竹制组合家具　2. 竹屏风　3. 竹桌椅
4. 竹榻　5. 竹榻、竹椅　6. 竹躺椅
7. 竹椅　8. 竹沙发、竹几　9. 竹单人沙发
10. 竹桌　11. 竹桌　12. 竹凳　13. 竹凳
14. 竹制组合家具　15. 竹床

2

3

4

5

6

7

8

9

10

11

12

13

14

15

4.4 南平竹器

南平叶氏竹艺竹器

图片来源：https://shop35787565.taobao.com

1

2

3

4

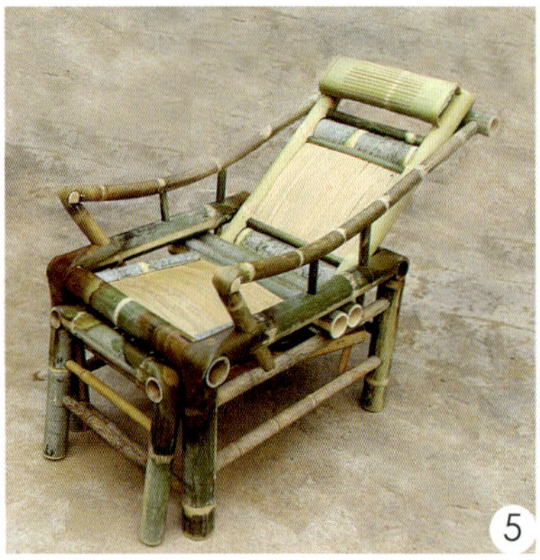
5

6

7

8

9

10

11

12

13

14

15

1. 竹沙发、竹几 2. 子母椅 3. 子母椅 4. 竹桌、竹凳 5. 竹躺椅 6. 竹椅 7. 竹架 8. 竹花几
9. 竹椅 10. 竹桌椅 11. 折叠竹桌 12. 竹枕 13. 组合竹床 14. 竹禅椅 15. 组合竹床

第5章 江西竹器

江西竹资源丰富，境内有中国“十大竹乡”之称的宜丰县和崇义县，还拥有奉新县、安福县等竹林区。江西省竹器既有传统的地域竹器品牌，也有现代的竹器产业和竹器品牌。江西省出土的最早竹器实物来自3000多年前的商代，可见江西竹器的历史悠久。

一、有著名的传统竹器品牌和有一定影响力的现代竹器品牌

江西省传统竹器品牌主要有瑞昌竹编、井冈山竹编和荷塘乡竹编等，其中瑞昌竹编是国家级非物质文化遗产保护项目。瑞昌铜岭铜矿遗址中发现的商代竹篓，距今至少有3000年的历史，该竹篓已具有一定的编织技巧，因此瑞昌竹编具有深厚的历史沉淀和文化底蕴。瑞昌竹编主要有斗笠、丝箩、米筛等产品。另外，江西省井冈山竹编、景德镇荷塘乡竹编都具有一定的特点和地区影响力，它们都是江西省的省级非物质文化遗产项目。

江西省在挖掘传统地域竹器品牌同时，也逐渐开发出一些现代竹器品牌，如以生产现代家具和竹地板等产品而知名的“贵竹”品牌。很多竹制品企业以发展现代竹制品为目标，实现竹制品的产业化发展和品牌化发展。“贵竹”家具公司创新思路，突破传统竹制家具设计的思维局限，吸收现代家具设计制造的理念，设计出适合现代生活需要的各类、各层次竹家具，开发出符合现代审美观念的室内竹家具和户外竹家具等，让传统的竹材以新的表现方式展现出新的魅力。

二、与茶文化紧密相连的景德镇竹茶具较有特色

景德镇是我国著名的瓷都，制瓷历史悠久。史籍记载“新平冶陶，始于汉世”，可见景德镇早在汉代就开始生产陶瓷。元代至明清的历代皇帝都派员到景德镇监制宫廷瓷器，因此景德镇陶瓷业自古就非常繁荣。景德镇陶瓷业的发展，推动了当地竹器制作向新的领域拓展。在景德镇瓷器中有一类是同茶文化紧密相连的瓷器，那就是陶瓷茶具。陶瓷茶具需求的增加自然也带动了竹茶具产业的发展。

从景德镇的竹器来看，除了常见的日用竹器外，最有特点的就是竹制茶具，如竹茶船、竹茶柜、竹筅、竹架、竹垫、竹茶篓等。拿茶船来说，有各种不同形式和造型的茶船，部分茶船还借鉴瓷器的典型造型设计进行制作。景德镇竹茶具的出现，不仅扩大了景德镇茶具的种类，而且丰富了我国茶文化的内涵。

三、竹产业规模较大

国家林业局相关统计数据显示，江西省2014年竹产业的总产值为292.54亿元，占全国竹产业总量的15.85%，仅次于同年的浙江省和福建省竹产业产值，排在全国第三位。江西省竹产业中涉及的竹制品主要有竹地板、胶合板、竹筷、竹家具、竹凉席、竹制厨房用具、竹工艺品等。

江西省因拥有得天独厚的竹资源，因而形成了较大规模的竹产业。

5.1 景德镇竹器

清竹居竹茶具

拍摄：郭洪刚（2016 年）

1

2

3

4

1. 竹茶盘 2. 竹编水瓶套 3. 竹茶柜 4. 竹茶柜 5－7. 竹茶盘

8

9

10

11

12

13

14

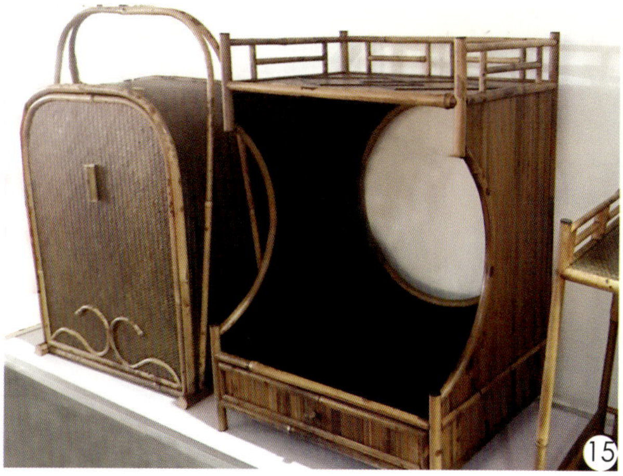
15

8. 各式竹篮/花篮　9. 各式竹手提包　10－15. 各式竹茶柜

5.2 宜春竹器

1. 竹杯　2. 竹制组合容器
3. 竹制组合容器　4. 竹制组合容器
5. 竹筒碗　6. 竹筒碗　7. 竹筒碗

8

9

10

11

8. 竹烟灰缸　9. 竹杯　10. 竹勺
11. 带柄竹舀

5.3 南康竹器

南康某家具公司的竹家具

图片来源：http://www.cnylzy.com/

1

2

3

4

5

6

7

8

9

10

1. 竹制组合餐桌椅 2. 竹制组合餐桌椅 3. 竹椅、竹几 4. 竹椅、竹几 5. 竹办公桌 6. 竹办公桌 7. 竹组合沙发 8. 竹办公桌 9. 竹床 10. 竹床

5.4 崇义竹器

崇义某家具公司的竹家具

图片来源：http://www.greezu.com/

1. 竹制组合桌椅
2. 竹制组合桌椅
3. 竹制组合桌椅
4. 竹沙发、竹几

1

2

3

4

5

6

7

8

9

10

11

12

5 — 7. 竹躺椅　8. 竹桌、竹椅　9 — 12. 各式竹地板及其应用

5.5 瑞昌竹器

瑞昌竹品

拍摄：张小开、孙媛媛（2018 年）

1. 竹簸箕、晒席　2. 竹簸箕　3. 高提梁竹筐　4. 高提梁竹筐　5. 竹架　6. 高提梁竹筐

2

5

3

4

6

第6章 贵州竹器

贵州省竹资源较丰富，竹制品主要有竹纸、竹制日用品、竹制家具和竹材人造板、竹笋等。其中竹纸、竹笋、竹材人造板等产值较大。贵州境内代表性的传统竹器为三穗竹器。贵州境内少数民族众多，不同民族文化在竹器中也有所体现。

一、三穗竹编体现了贵州传统竹器的典型外在特征

三穗竹编有着400多年的历史传承，其制作精细、造型特征鲜明、种类较多。清光绪年间，三穗县瓦寨斗笠就畅销湖南。常见的三穗竹编多为抛物去杂的竹簸箕、竹筛子，收纳盛物的竹背篓、竹筐，遮阳挡雨的三穗竹斗笠，等等。在三穗竹编中颇具代表性的则是编字簸箕。这种簸箕用黑色竹篾编字，用最原始的植物染色法进行染色，因此编字簸箕具有不脱色、不褪色的特点。

三穗瓦寨斗笠、编字簸箕、竹背篓是贵州最具代表性的竹器。竹制品中黑色竹篾与原色竹篾的相互搭配是贵州传统竹器的典型外在特征。

二、背篓样式众多

贵州各地出现的不同形式的竹背篓与当地的地理环境有关。因为贵州地处云贵高原，全省山地居多，在交通不发达的年代，背篓的作用非常突出，可以说人们运输货物全靠背篓。因此，贵州等地出现了各式各样的竹制背篓，有圆形的，也有方形的，还有扁喇叭形、台阶形的等。背篓除了具有基本的背东西功能外，不同造型的背篓还有着不同的功能。例如扁喇叭形的宽大竹背篓盛物外，还可以作为背背篓的人休息时的靠背；台阶形的背篓在需要时可以变成背小孩的背篓，其中间的台阶部分可当作小孩的座椅。

三、竹箩筐别具一格

贵州竹箩筐与众不同，就是竹筐上不系绳子，需要挑起来时则直接用扁担穿过竹筐，将竹筐高高地挑起。这一类竹筐一般高度较矮，横截面却很大，使用扁担直接挑起竹筐是为了方便在山地中行走。

四、竹器制作粗细相宜

在贵州竹器中，三穗竹编是编织比较精细的竹器。在贵州其他地区，还有其他不同编织形式的竹器，如安顺竹器等。但安顺竹器不如三穗竹编那么精细，它也没有什么色彩搭配，一般都是常见的日用竹器。贵州竹编的特色是对同一器形的竹器，往往根据其不同用途，在编织时做到疏密有所变化。同是竹篮，既有用细竹篾编织的精编竹篮，也有用粗竹篾编织的较密竹篮，还有用粗竹篾编织的大孔竹篮。同样的编织形式在竹筐、竹背篓中也存在。因此，贵州竹编具有粗细相宜、疏密相间的特点。

五、竹器具有浓厚的民族特色

贵州省是一个多民族集聚地，多民族聚集的地域文化特色反映在竹器上，便是不同民族的竹器有一些不同的特点，如侗族竹器和苗族竹器在器形和编制手法上有一定的差异。

6.1 黔东南竹器

侗族竹器

图片来源：http://www.dpcb.net/

①

②

③

④

⑤

⑥

1. 竹斗笠　2. 竹斗笠　3. 竹簸箕　4. 竹簸箕　5. 带盖竹篮　6. 带盖竹篮
7. 竹筐　8. 蛐蛐笼　9. 腰刀篓　10. 腰刀篓　11. 小竹篮　12. 竹篮

三穗黔森源竹编

图片来源：https://gztchan.taobao.com

1. 竹罐　2. 竹筐　3. 带盖竹篮
4. 带盖竹篮底部

1

2

3

4

5. 带字竹盒　6. 竹碗　7. 竹碗　8. 带字竹盒　9. 竹箩　10. 带字竹盒
11. 竹套篮　12. 竹套篮

三穗其他竹器

拍摄：张小开、孙媛媛（2016 年）

1. 竹斗笠　2. 竹箩　3 — 6. 各式背篓

西江千户苗寨竹器

拍摄：张小开（2016年）

①

②

1. 各式渔具　2. 各式竹器　3. 竹编筐　4. 蒸饭竹筒
5. 小竹笼　6. 竹花篮　7. 双耳竹箩　8. 竹箩

6.2 贵阳竹器

贵州民族博物馆内展示的竹器

拍摄：张小开、孙媛媛（2017年）

1. 客厅内各式竹器　2. 竹挂笼　3. 竹鸟笼
4. 竹篮　5. 竹烘罩　6. 竹烟斗　7. 竹渔篓

8

9

10

11

12

13

14

8. 马尾斗笠、竹包等　9. 马尾斗笠　10. 竹背篓　11. 竹包　12. 竹鸟笼　13. 竹瓶　14. 各式竹篮

15

16

17

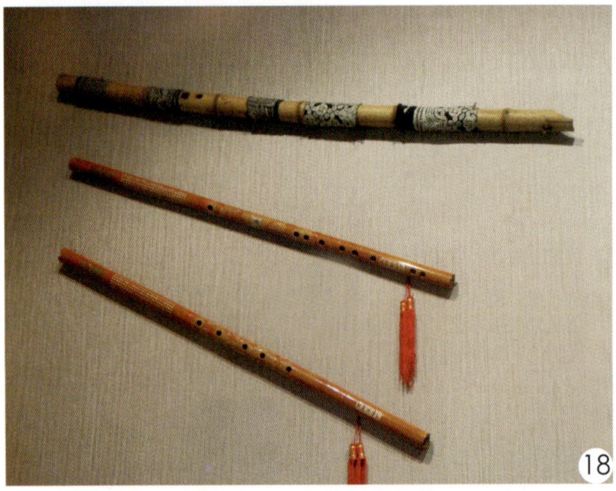

18

19

20

21

15. 大竹编罐　16. 带盖竹篮　17. 竹纺车　18. 竹笛　19. 竹笙　20. 竹篮　21. 竹篮

6.3 遵义竹器

遵义竹器

拍摄：张嘉诚（2016 年）

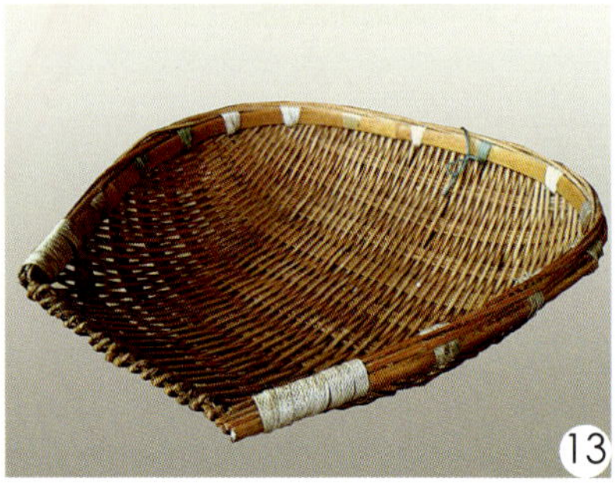

1－6. 竹背篓　7. 竹筐　8. 竹灯笼　9. 竹筐　10. 竹筐　11. 竹背篓　12. 竹蒸笼　13. 竹簸箕

6.4 安顺竹器

千居老人竹器

图片来源：https://18744708766.taobao.com

1. 带盖竹篮
2. 带盖竹篮
3. 方竹篮
4. 竹筐
5. 竹篮
6. 竹篮

15

16

17

18

19

20

21

22

7 — 14. 竹筐　15. 双层带盖竹篮　16. 双层带盖竹篮　17. 双层带盖竹篮
18. 双层带盖竹篮　19. 竹背篓　20. 竹背篓　21. 竹背篓　22. 竹渔篓

23. 竹筐　24. 竹筐　25. 竹筐　26. 竹筐
27. 竹篮　28. 竹篮　29. 竹篮　30. 竹篮

第7章

重庆竹器

重庆拥有梁平竹帘和大足竹编两个传统竹器品牌。其中梁平竹帘具有千年以上的历史，在宋代就已经是皇家贡品；大足竹编是源于明代的传统竹器，最早是以竹席闻名。如今重庆的竹器主要是竹制家具和竹材人造板，其中竹制家具产量最大。

一、梁平竹帘代表了重庆竹器材料的优良特性和重庆竹器制作的精湛工艺水平

梁平竹帘是流传千年的历史文化遗产，2008年被列入国家级非物质文化遗产保护名录。梁平竹帘是以当地盛产的优良慈竹为原料，运用传统工艺，结合书画、刺绣、植绒等表现手法制作而成。梁平竹帘有各种形式的挂帘、屏风、装饰画等，其工艺精细、外观典雅、风格独特，具有浓郁的地方特色和民族风格。竹帘画挂在窗户上，既无碍通风换气，又不影响视线，深受人们喜爱。

梁平竹帘使用的竹篾非常细，并且采用蚕丝混编，梁平竹帘代表了该地区竹材材质优良特性及竹器加工工艺精湛的特点。梁平竹帘已成为重庆竹器制作和竹文化的代表性竹器。

二、竹棒体现了重庆人的勤劳和智慧

在重庆市，人们经常会看到一群特别的人，他们人人手拿一根带绳子的棒子，他们是著名的职业运货人，被人们称为棒棒。因为重庆是山城，手提重物会有困难，而棒子则可以解决这种困难。重庆棒子的材料主要是竹材或木材，棒棒们有时直接使用一根圆竹竿作为棒子。不论多少东西，棒棒们都能用绳子神奇般地捆好，然后轻轻地挑起。针对不同数量的货物，棒棒们使用棒子方法会有所不同。重庆棒棒体现了重庆劳动人民的勤劳和智慧。

7.1　乡镇竹器

重庆乡镇竹器

拍摄：孙媛媛（2007 年）

1

2

3

4

5

6

1－3. 各式竹筐　4. 竹筛　5. 竹箩　6. 竹箩

7

8

9

10

11

12

13

14

15

16

17

18

7－10. 各式竹背篓　11. 竹篓　12. 竹背篓　13. 圆竹货筐　14. 方竹货筐
15. 挑货的竹棒　16. 室内竹装饰　17. 竹背篓　18. 竹背篓

7.2 江北区竹器

重庆江北区某竹器店竹器

拍摄：张小开、孙媛媛（2017 年）

1. 婴儿竹推车　2. 儿童竹座椅
3. 竹凳　4 — 7. 竹篮　8. 竹筐
9. 竹筒　10. 竹筐　11. 竹筐

④

⑤

⑥

⑦

⑧

⑨

⑩

⑪

12

13

14

15

16

17

18

19

20

21

22

23

12. 竹渔篓　13. 竹箩　14. 竹圈　15. 竹筐　16. 竹簸箕　17. 圆底竹筐　18. 竹斗笠
19. 方竹框　20. 竹背篓　21. 竹背篓　22. 竹丝刷　23. 竹背篓

24. 竹筐组合件　25. 竹提梁　26. 竹筐组合件　27. 竹盖　28. 竹筐垫　29. 竹盖

第8章 四川竹器

四川省的青神竹编、道明竹编、渠县刘氏竹编是具有千年以上历史的竹器品牌，加上邛崃瓷胎竹编和自贡龚扇，四川共有5个竹器品牌入选了国家级非物质文化遗产项目名录；另外，安岳竹编、崇庆竹编、石洞竹编等也都是具有一定的品牌效应。因此四川省是我国拥有最多竹编品牌的省份。

一、竹制桌椅是四川人日常生活中的常用竹器

在成都的大街小巷都能看到成排的竹制桌椅排在门口，实际上在茶馆、饭店里面也经常能见到竹制桌椅的身影。竹制桌椅方便搬进搬出，方便收纳，结实耐用，是四川老百姓日常生活中最常用的竹器。

二、瓷胎竹编是四川省代表性竹器

瓷胎竹编是成都地区独特的传统手工艺品，也是四川特产的一种，起源于清代中叶，当时主要用做贡品。

瓷胎竹编作为四川省代表性的竹器具有以下意义：

（1）四川当地的竹材具有优良的材料特性，其质地和柔韧性均是竹材中的佼佼者，能够满足瓷胎竹编这种精细竹编技艺的需要。

（2）瓷胎竹编显示四川人民高超的竹编技艺，能够将极细的竹篾编制成瓷器的造型且与瓷胎高度贴合，其难度可想而知。

（3）瓷胎竹编有着浓郁的地方特色和地域特征。

三、龚扇是四川精细竹编中最知名的代表

龚扇以薄似蝉翼著称，所以又曾被赞为“蝉翼扇”，扇面仅重几钱。龚扇采用四川独特的一年青阴山黄竹做原料，且以无竹花心、无黑黄斑纹、竹质老嫩适中者为宜。龚扇不仅质薄如绢、绚丽如花、光滑如镜，能透光显影，而且扇面图案别具一格，花鸟人物栩栩如生。龚扇的细致工艺和独特个性，体现了中华竹编艺术的独特魅力。

四、竹编字画是四川精细竹编的常见形式

四川慈竹能够切分出极细的竹篾丝，甚至可以做到细如发丝，这就为利用细竹篾制作图案及字画奠定了基础。因此，四川竹编工艺品常以字或画为表现形式，这是四川精细竹编的重要工艺特点。

五、四川圆竹竹器别具一格

四川省的圆竹竹器品种丰富，别具一格。同湖南益阳的小郁竹器类似，四川的圆竹竹器既有使用直径为3～5厘米的小竹竿制作小型竹器，也有使用直径为10～15厘米的毛竹制作大型家具。例如在青神竹器中可以看到众多的使用小竹竿制作的竹椅、竹桌、竹架等，这些竹器造型多样，完全不拘泥于竹竿的原始形状；同时也可以看到使用大竹竿设计制作的竹制沙发椅、竹床等大型竹制家具，其造型结构简练。四川圆竹竹器体现出四川竹器对竹材利用的不拘一格、物尽其用的设计理念和造物思想。

四川省具有悠久的竹器造物历史和深厚的竹文化底蕴，在传统竹器的设计制作方面不仅有精细竹编和圆竹竹器等不同的竹材利用形式，而且拥有青神竹编、道明竹编、邛崃瓷胎竹编、渠县刘氏竹编、自贡龚扇、安岳竹编、崇庆竹编、石洞竹编等极具特色的地域竹器品牌，表明四川省拥有强大的竹器制作资源和竹文化资源。

8.1　成都竹器

成都安仁古镇竹器

拍摄：张小开、孙媛媛（2014 年）

1. 竹筐　2. 竹筷笼　3. 竹筷笼

4 — 6. 竹椅　7. 竹凳

四川省博物馆馆藏竹器

1. 竹筐　2. 竹筐

拍摄：张小开、孙媛媛（2014年）

1

2

成都某古旧杂货总店竹器

图片来源：https://shop34195474.taobao.com

1. 竹沙发椅　2. 竹根托　3. 竹帽
4. 竹书架　5. 竹烟斗

1

4

2

3

5

8.2 雅安竹器

雅安上里古镇竹器

拍摄：陈晨（2016 年）

1. 竹沙发椅
2. 竹沙发椅
3. 竹背篓
4. 竹简
5. 竹背篓
6. 竹栏杆

7

8

9

10

7. 竹筛　8. 竹筛
9. 竹丝刷　10. 竹簸箕

11

12

13

14

11. 竹簸箕　12. 竹簸箕
13. 竹挂笼　14. 竹挂笼

8.3 青神竹器

青神中国竹艺城竹器

图片来源：http://www.zgzyc.cn/index.html

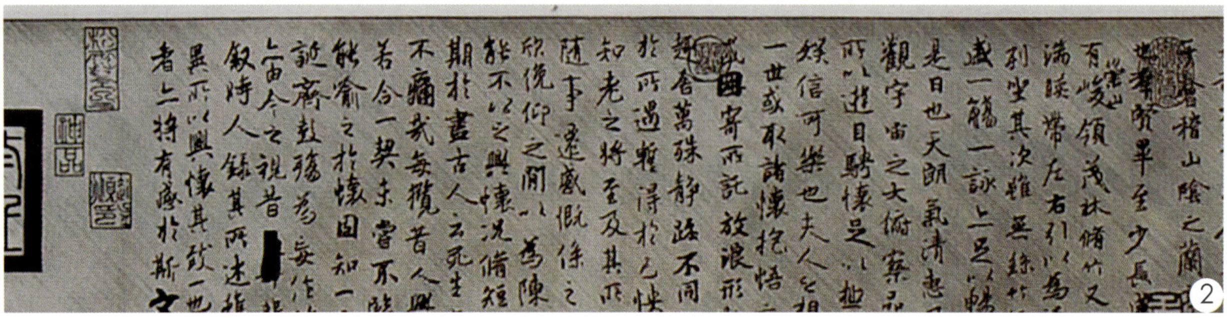

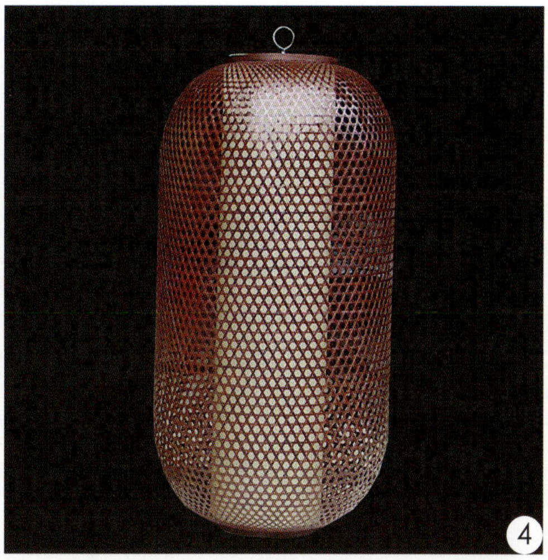

1. 瓷胎竹编　2. 字画竹编　3. 竹灯　4. 竹灯　5. 竹灯
6. 竹杯　7. 竹罐　8. 竹筒　9. 竹扇　10. 竹手提包

11

12

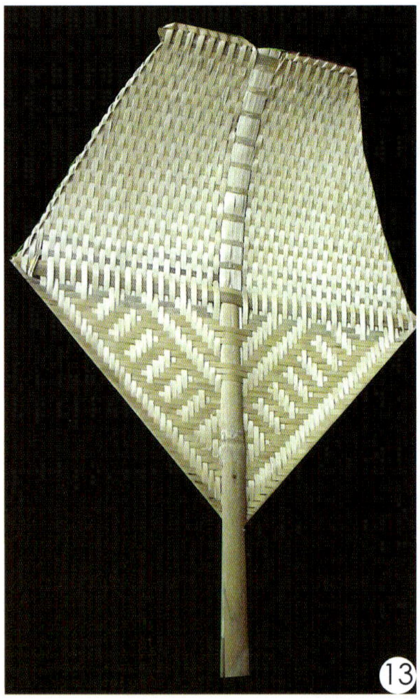

13

14

15

16

17

18

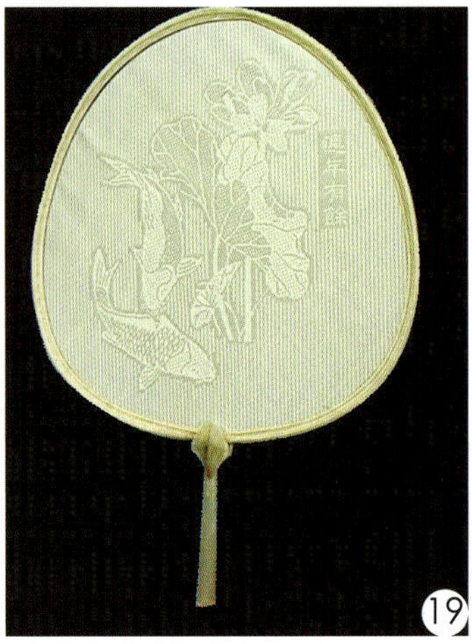

19

20

21

22

23

24

11 — 17. 竹扇
18. 粪扇
19. 粪扇
20. 竹帽
21. 竹筐
22. 竹筐
23. 竹编水瓶套
24. 竹提包

25

26

27

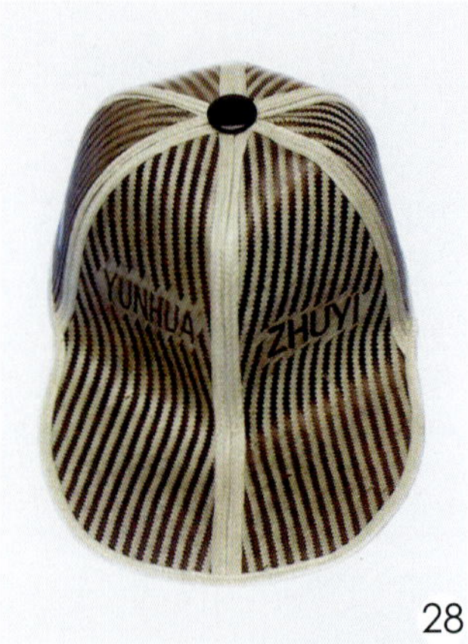

28

29

30

31

32

25 — 28. 竹帽　29 — 32. 组合竹桌椅　33 — 42. 各式竹椅

33

34

35

36

37

38

39

40

41

42

43

44

45

46

47

48

49

50

43. 竹桌
44. 竹梳妆台
45. 竹椅
46. 竹床
47. 竹架
48. 竹床
49. 竹椅
50. 竹椅

8.4 宜宾竹器

蜀南竹海博物馆竹器

拍摄：张小开（2013年）

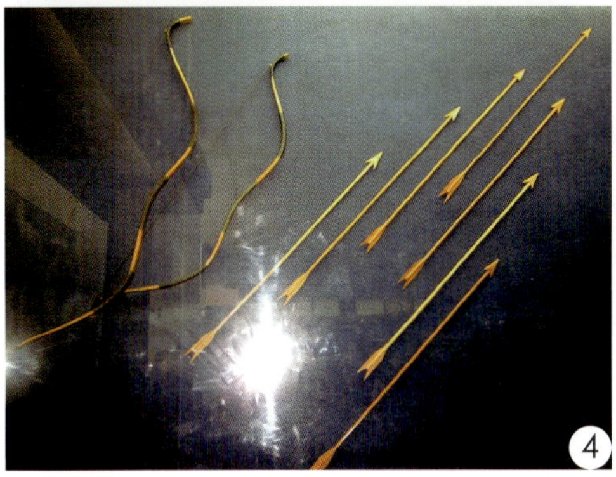

1. 博物馆外景
2. 竹雕
3. 竹盒
4. 竹弓箭
5. 竹制建筑模型
6. 竹床
7. 竹雕
8. 竹椅、竹几
9. 竹桌、竹凳
10. 竹篾玩具

6

7

8

9

10

1. 竹簸箕、竹筏　2. 竹椅　3. 竹担架　4. 蒸饭竹筒　5. 竹菜板
6. 竹笪　7. 蒸饭竹筒　8. 盛酒竹筒　9. 竹杯、竹筷　10. 竹雕
11. 竹雕　12. 竹信息亭　13. 竹廊　14. 竹售货亭　15. 竹信息亭

蜀南竹海竹器

拍摄：张小开（2013 年）

①

②

③

④

⑤

6

7

8

9

10

11

12

13

14

15

8.5 四川其他地区竹器

遂宁某竹器店竹器

图片来源：https://shop59507327.taobao.com/

1. 竹器店各式竹器 2. 竹罩笼 3. 竹绳、竹丝刷
4. 竹斗笠 5. 竹背篓

6. 竹筐　7. 元宝篮　8. 婴儿车
9. 婴儿车　10. 儿童椅　11. 竹椅

6

7

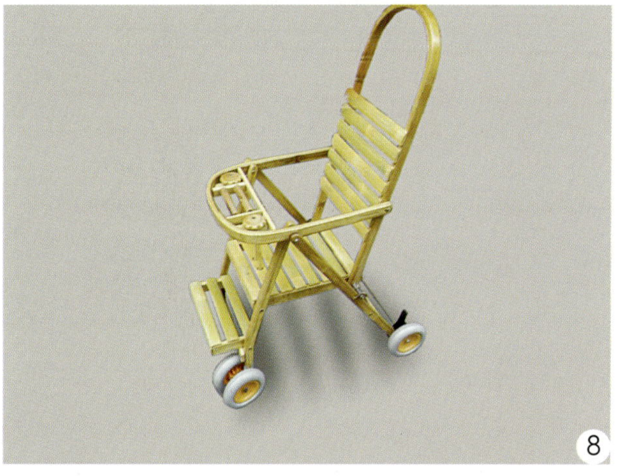
8

9

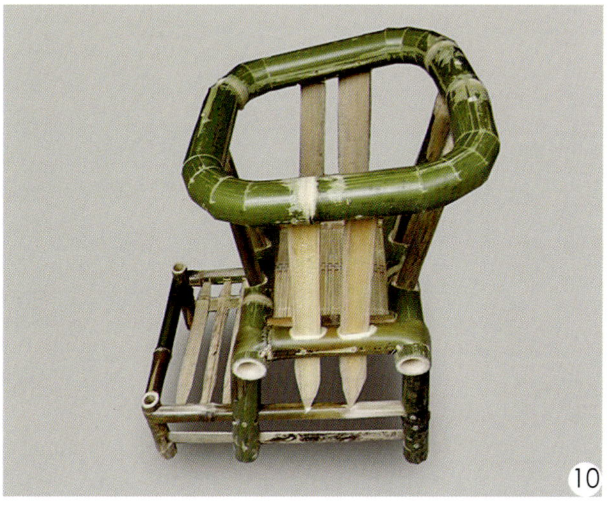
10

11

第9章 广西竹器

广西壮族自治区竹器资源丰富，境内有毛南族花竹帽、浦北竹编、金溪竹编、灵山竹编等特色地域竹器品牌，其中毛南族花竹帽已被列入国家级非物质文化遗产项目名录。

一、毛南族花竹帽的民族特色十分鲜明

毛南族花竹帽编织工艺经历代传承，其工艺特征早已定型。

①造型特征：是铜鼓与圆锥的巧妙组合。铜鼓为平面，圆锥为凸面，两者借助扣条、帽箍、罗边实现紧密结合。

②结构特征：呈阴阳双层结构，阳面为帽盖，阴面为帽底，中间敷设纱纸，帽锥衬黑绸，轻巧结实。

③篾纹特征：以五角星为中心，周边又按六角形环叠交叉辐射编结。

④图纹特征：竹帽上下圆心均是变体莲花图案对应周边环绕的三层菱形图链。

⑤色彩特征：竹帽的圆锥斜面为金黄色；其外围环拱黑色三菱图形（近似毛南锦图案），以金色包边，中心是黑色的莲花图。花竹帽色彩对比简洁而分明。

毛南族花竹帽现已成为毛南族的象征之一。

二、竹帽和竹斗笠品种较多，造型各异

广西壮族自治区除了毛南族花竹帽外，还有其他样式的竹帽和竹斗笠，如锥形帽顶圆竹帽、圆形帽顶圆竹帽、圆锥形竹斗笠、原色竹斗笠、花色竹斗笠、渔民帽等，竹帽和竹笠品种繁多，同一造型的竹帽和竹斗笠在编织手法上也不完全一样。

三、很多竹器与水相关

广西壮族自治区的地形和地貌分山地、丘陵、台地、平原、石山、水面6类，其中山地地形占较大比例。大多数山地居住条件较差，人们一般选择在邻水的平缓地带居住，因而广西的很多竹器与水有关。

第一类与水有关的最典型竹器就是用大竹制作的竹排，以及竹排上面放置的大竹筐和撑划竹排用的竹竿等。

第二类与水有关的竹器就是各种捕鱼的工具，如渔篓、虾篓、鳝鱼篓、小型竹罾、捕鱼罩等。

四、壮族喜欢使用原色竹器

壮族竹器品种和造型丰富，编织手法精细，虽然偶尔也会使用色彩装饰竹器，但从总体上看，壮族更倾向使用不施装饰的原竹色作为竹器的主要色彩。人们常常用原色的竹青与竹黄的色彩对比、宽竹篾与细竹篾的形态对比、编织孔的疏密对比来表现竹器的不同造型特征。

9.1 大圩竹器

大圩古镇某古董店竹器

拍摄：张小开、孙媛媛（2016 年）

1. 各式竹器　2. 带盖竹篮　3. 竹篓
4. 葫芦胎竹编　5. 各式竹篮　6. 各式竹篮

5

6

大圩古镇某竹器店竹器

拍摄：张小开、孙媛媛（2016 年）

1. 各式竹筐、竹箕等 2. 小竹筐套件 3. 小竹筐

4

5

6

7

8

9

10

11

4. 带盖竹筐　5. 圆竹筐　6. 竹簸箕
7. 圆竹筐　8. 圆竹筐　9－11. 各式渔篓

12

13

14

15

16

17

12. 竹篮　13. 竹篮　14. 葫芦胎竹编
15. 竹鸟笼　16. 竹篮　17. 竹渔篓
18. 竹器店内的各式竹器

19

20

21

22

23

24

19. 竹簸箕　20 — 22. 各式竹筐　23. 竹篮　24. 竹渔篓　25. 竹筛　26. 各式竹筐、竹篮
27. 竹蒸笼　28. 竹菜罩　29. 竹渔罩　30. 竹渔笼

31

32

33

34

35

36

31 — 36. 各式斗笠 / 竹帽

大圩古镇茶馆竹器

拍摄：张小开、孙媛媛（2016年）

1. 竹吊灯
2. 竹篮
3. 竹罐
4. 竹筛
5. 竹篮
6. 竹罩

7

8

9

10

11

12

13

7. 竹纺织机
8. 竹砻
9. 纺织机竹枡子
10. 竹渔篓
11. 竹纺车
12. 小竹罾
13. 小竹罾

14

15

16

17

18

19

20

14. 笊篱　15. 竹烟斗　16. 竹筒　17. 竹筐
18. 竹吊灯　19. 竹篮　20. 竹筐

大圩古镇其他竹器

拍摄：张小开、孙媛媛（2016）

1. 竹鳝笼
2. 竹篓

9.2 阳朔竹器

阳朔蝴蝶谷竹器

拍摄：张小开、孙媛媛（2016 年）

①

②

③

④

1. 竹笙　2. 竹笙　3. 竹扁担、斗笠　4. 竹扁担、斗笠　5. 竹腰刀篓、竹笼
6. 各式竹渔具　7. 竹竿板　8. 蒸饭竹筒　9. 蒸饭竹筒　10. 竹箩　11. 竹筐

7

8

9

10

11

阳朔兴坪古镇竹器

拍摄：张小开、孙媛媛（2016 年）

1. 竹筏　2. 竹斗笠　3. 竹箩　4. 竹斗笠
5. 竹箩、提梁竹筐

1

2

3

4

5

9.3 龙胜竹器

龙脊梯田竹器

拍摄：张小开、孙媛媛（2016 年）

1

2

3

4

5

6

7

8

9

10

11

1. 提梁竹筐　2. 蒸饭竹筒　3－6. 竹背篓　7. 竹筐
8. 竹筐　9. 竹果盘　10. 竹缸　11. 摩托车竹货笼

12

13

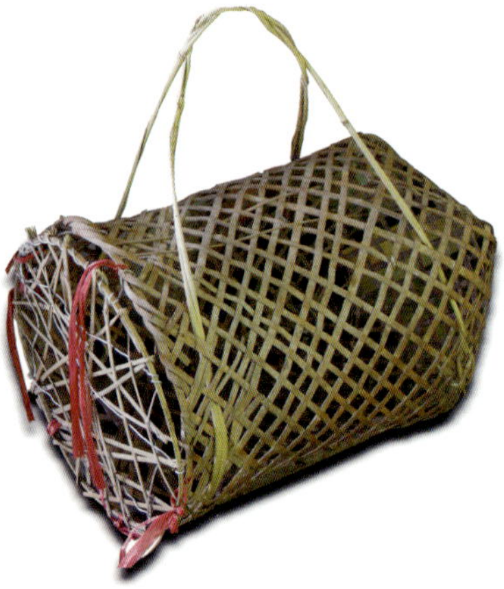

14

15

16

17

12. 竹簸箕　13. 竹斗笠　14. 竹笼　15. 双耳竹筐　16. 圆竹簸箕　17. 竹躺椅、竹椅
18. 竹纺车　19. 竹纺车　20. 竹制引水装置　21. 竹制引水装置

18

19

20

21

9.4 崇左竹器

壮乡手编总汇竹器

图片来源：https://zhuangxiangshoubian.taobao.com

1

2

3

4

5

6

7

10

8

11

9

12

1. 竹筐套件 2. 竹筐套件 3. 竹簸箕 4. 竹筐 5. 竹盒 6. 竹盒 7. 竹箩
8. 竹箩 9. 竹簸箕套件 10. 竹箩 11. 竹箩 12. 竹簸箕套件

13

14

15

16

17

18

13. 小竹席 14. 小竹席 15. 大竹席 16. 大竹席 17. 竹筛 18. 竹筛 19. 带盖竹篮 20. 带盖竹篮 21. 竹筛 22. 竹鳝笼 23. 竹筐套件 24. 竹筐套件

25

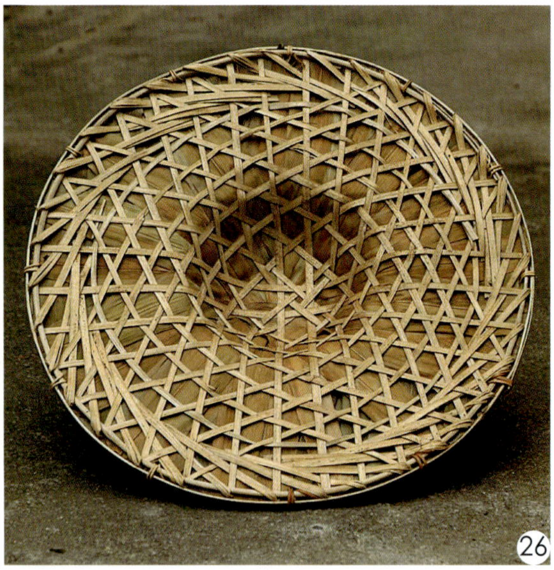
26

27

28

29

30

25. 竹斗笠
26. 竹斗笠
27. 竹斗笠
28. 竹斗笠
29. 竹渔篓
30. 竹渔篓
31. 提梁带盖竹筐套件
32. 提梁带盖竹筐套件
33. 竹渔篓
34. 竹背篓
35. 提梁带盖竹筐套件
36. 提梁带盖竹筐套件
37. 竹渔篓
38. 竹背篓

9.5 广西其他地区竹器

①

钦州竹器

拍摄：张小开（2016年）

2

3

4

5

6

7

8

9

1. 工艺竹伞　2. 渔民帽　3. 渔民帽　4－6. 各式斗笠　7. 带盖竹篮　8. 带盖竹篮　9. 斗笠

丙安古镇竹器

拍摄：张小开（2016 年）

1. 竹桌椅　2. 工艺竹伞

①

②

第10章 广东竹器

广东省竹资源非常丰富，竹林面积大，有全国十大竹乡之一的广宁竹乡，同时还有怀集县竹林区。广东省拥有惠州竹编等著名的传统地域竹器品牌。

一、竹制渔具有明显的地域特色

广东省的竹制渔具，如虾篓、渔罩、渔篓等，具有广东沿海地区的地域特色。特别是虾篓，采用十字编编织，为圆柱体造型，其顶部微微收口，别具一格。

二、竹制茶具是潮汕地区最具代表性的竹器

在广东省潮汕地区，人们几乎每天都要喝工夫茶。即使是侨居外地或移民海外的潮汕人，有些人仍然保存着喝工夫茶这个传统习惯。喝工夫茶，当然离不开茶具。

潮汕地区的茶具材质各式各样，竹制茶具则是最具代表性的竹器。潮汕的竹茶具主要有竹茶漏、竹茶筅、竹茶勺、竹茶舀、竹茶杯架、竹茶船、竹茶罐等，品种丰富，制作精细。

潮汕地区的竹器制作具有悠久的历史，产品不限于竹茶具，其他竹制品也丰富多彩。其中竹文具有臂搁、笔筒、毛笔笔管等。还有很多竹制的生产和生活用品，按其用途可分为以下几类：生产用农具有筐、箩、畚箕、秧夹、竹戽斗、竹槌、竹尖担、竹扁担、耙篦、扱笣以及晒谷的谷笪和用于捕鱼的竹排等；生活用具有竹床、竹凉席、竹枕头、竹桌、竹椅（凳）、竹几、母子椅、吊篮、饭篮、菜篮、衫箕、洗衫篮、米筛、簸箕、筐头、竹箱、竹簪、竹钗、竹炊盖、竹蒸笼、竹盘、竹箸、竹竿、竹梯、竹扇、竹吊帘、竹笼、花篮、竹笠、渔篓、捕鱼筌、竹苫、猪笼、鸡笼、鹅（鸭）围、竹篷等；观赏工艺品有竹帘画、竹挂盘、竹花瓶和各种竹编装饰品；玩具有竹帆船、竹孔雀、竹剑等。此外，还有香筒、香骨、烛骨、折扇扇骨，以及油纸伞的枝骨和灯笼内胎等。

三、致力于现代竹文化创意产品的生产

广东省是我国改革开放的排头兵，也是我国经济和社会最具有发展活力的省份。改革开放的思想对广东省传统竹器产品的发展影响较大，基于传统竹器造物文化的现代竹文化创意产品的生产在广东起步较早，发展迅速，创意者和生产者“正致力于研究竹材料及传统的竹手工工艺，以新的思考和设计表现，创作出适合现代生活的自然作品”。

10.1　石龙竹器

石龙竹器街竹器

拍摄：张小开（2013 年）

1. 竹器店内的各式竹器　2. 竹筛、竹虾笼　3. 竹蒸笼、竹筛、竹簸箕等
4. 竹渔笼　5. 竹椅　6. 竹箩　7. 竹箩、竹篮、竹笼等

4

5

6

7

8. 竹渔罩、竹篮等　9. 竹箩、竹篮
10. 竹耙、竹笼、竹筐等　11. 竹笼

10.2 肇庆竹器

成贤村竹器

http://www.hc360.com

1. 竹沙发椅 2. 竹沙发椅 3. 竹凳 4. 竹篮 5. 四耳竹筐 6. 四耳竹筐

7

8

9

10

11

12

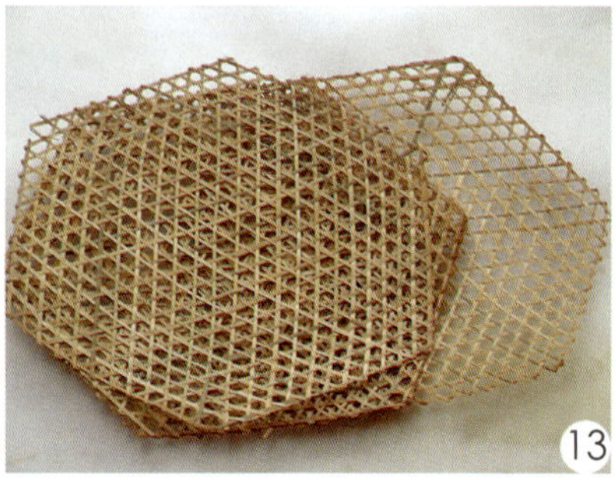
13

7－9. 竹扶手椅　10. 竹桌、竹椅　11. 竹筐　12. 竹筐　13. 竹笪

10.3　云浮竹器

云浮市传统竹器

图片来源：https://shop144709086.taobao.com

①

1. 竹渔篓　2－7. 竹筐

10.4 中山竹器

中山市某古典家具店的竹器

图片来源：https://xiuyagejiaju.taobao.com

1—4.带盖工艺竹篮及部件

5

6

7

8

9

10

11

5. 工艺竹篮　6. 工艺竹篮　7. 竹盒　8. 竹篮　9－11. 工艺竹篮（考篮、香篮）

12

13

15

14

16

17

18

19

20

21

22

23

24

25

12. 竹套篮　13. 竹套篮　14. 工艺竹篮　15. 工艺竹篮　16. 竹篮篮盖　17. 竹篮　18. 竹篮底部
19. 工艺竹篮　20. 工艺竹篮　21. 针线篮　22. 针线篮　23. 竹筐　24. 带腿竹筐　25. 小竹篮

10.5 潮州竹器

潮州某竹器坊竹器

图片来源：https://shop135409087.taobao.com

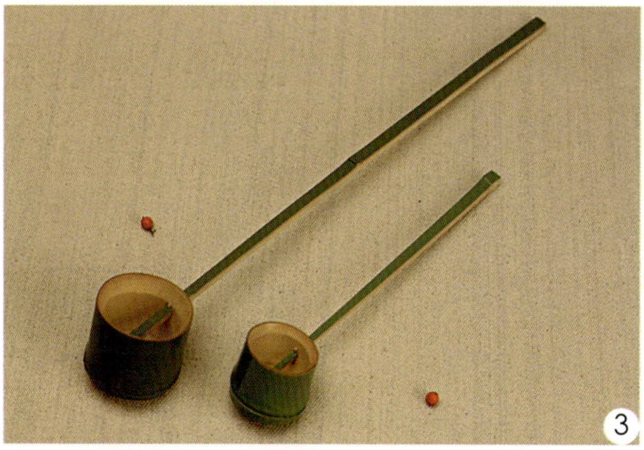

7

8

9

10

11

12

13

14

1. 竹茶笼、竹茶勺 2. 竹茶笼 3. 竹茶卣 4. 竹茶卣 5. 竹茶垫、竹茶勺 6. 竹茶船 7. 竹杯架 8. 竹茶滤 9. 竹茶滤 10. 竹茶滤 11. 竹筒茶垫 12. 竹筒茶垫 13. 竹根刷 14. 竹茶垫 15. 竹杯架 16. 竹茶罐 17. 竹茶托 18. 竹茶托 19. 竹茶勺 20. 竹茶勺、竹滤勺

10.6 广州竹器

广州市某现代品牌竹器

图片来源：http://www.naturebamboo.com

1. 竹落地灯 2. 竹落地灯

3

4

5

6

7

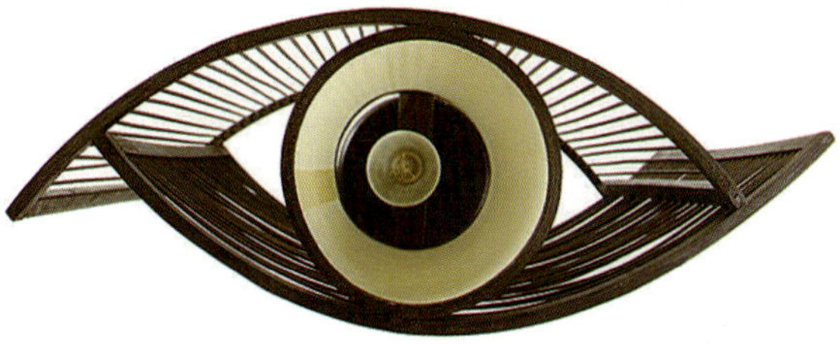
8

3－8. 竹台灯

9

10

11

12

13

14

15

16

9 — 14. 竹吊灯　15. 竹台灯　16. 竹台灯

17

18

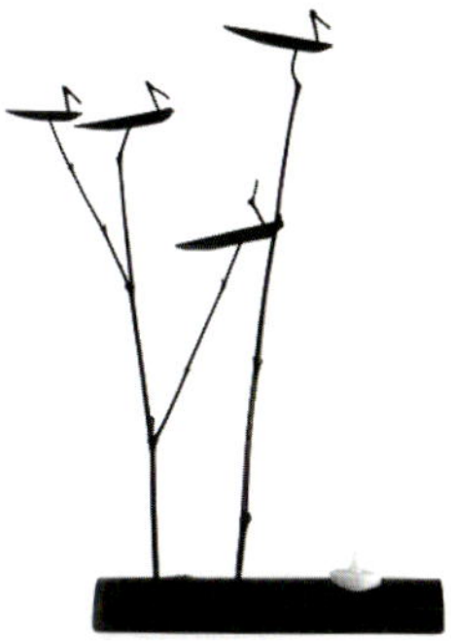

19

20

21

22

23

24

17. 竹花器	18. 竹花器	19. 竹工艺品	20. 竹落地灯
21. 竹花器	22. 竹花器	23. 瓷胎竹编	24. 瓷胎竹编

第11章 云南竹器

近年来，云南省越来越重视对竹资源的开发和利用，竹产品加工业逐渐兴盛起来。云南省生产的竹制品主要有竹纸、竹材人造板、竹地板、竹纤维、竹制日用品、竹家具、竹炭等。

一、竹林资源和传统竹器资源丰富

云南省天然竹林类型数量及面积居全国第一，是世界公认的竹类植物起源地之一。云南省现有竹亚科植物 29 属 250 种，约占我国竹种的 50%，占世界竹种的 25%。云南省特有的竹种有 100 种以上。

云南省是多民族集聚地，不同少数民族的生活方式不同，因此他们制作和利用竹器的方式也不同，这使得云南各地竹器的品种、功能、造型、装饰方式等都有一定的差异。因此，云南省还具有丰富的传统竹器资源。

二、竹楼是云南省最典型的大型竹器

竹楼，顾名思义就是使用竹材制作的房屋。全国竹楼最多的地区就是云南省，代表性的竹楼主要有傣族竹楼、阿昌族竹楼、哈尼族竹楼等。实际上“竹楼是傣族、景颇族、德昂族、布朗族、基诺族主要的民居建筑，并为部分哈尼族、拉祜族、佤族、傈僳族、怒族、独龙族所采用”。可见，竹楼是云南众多少数民族民居的主要形式之一。

傣族竹楼是一种干栏式建筑，其主要建筑材料是竹材。傣族竹楼是傣族固有的典型居住建筑，下层高七八尺，四边无遮挡，一般用于拴牛马等牲畜；上层近梯处有一露台，转进为长形大房，用竹篱隔出主人卧室；其余为一大敞间，屋顶不太高，两边倾斜，屋檐及于楼板，一般无窗。若屋檐稍高则两侧开有小窗，后面开一门。楼中央是一个火塘。屋顶用茅草铺盖，梁柱、门窗、楼板全部用竹材制成。

北京中华民族园有一处为阿昌族原状的民居，该民居除了房屋基础使用泥墙、房屋的主体结构使用大木材外，其他结构都使用竹材制作，包括房屋的外墙面、内墙面、门、床、屋顶等。房屋中的生活用具等大部分也是竹编器。

昆明云南民族村内还可以看到几栋体量较小的哈尼族房屋，房屋结构和外墙也都是使用竹材制作的。

竹楼是云南省最典型的大型竹器，是竹材利用的最复杂形式，它代表了该地区竹材利用和竹器制作的最高水平。

三、竹背篓是云南省山地民族的一种象征

云南省竹背篓和贵州省竹背篓类似，但装饰手法有所不同，它主要是为了满足山地运输的需要。过去在没有现代交通工具的情况下，山里人想要运送东西，最简单的运输工具就是背篓，因此，竹背篓是云南山地民族出门必备的工具。“竹背篓可视为云南山地民族的一种象征，它是山地民族在特定的时空背景下所做的一种适应性的文化选择。”

四、竹资源亟待开发

云南省拥有丰富的竹林资源、竹器造物资源、竹文化资源，犹如一个竹资源的宝库。但由于云南地处云贵高原，地形复杂、交通不便，宝贵的竹资源还未能真正得到开发，特别是基于现代文化创意竹产品的设计和开发还处于起步阶段，因此云南省需加快竹资源开发速度，以便使丰富的竹资源尽早焕发新的魅力，促进云南省经济和社会的不断发展。

11.1 昆明竹器

民族村中的彝族村竹器

拍摄：张小开、孙媛媛（2017 年）

1. 竹编桌　2. 竹箕招牌
3. 竹挂笼　4. 竹烟筒

1

2

3

4

5. 竹笼　6. 竹渔笼　7. 竹簸箕　8. 竹筐　9. 竹盒　10. 竹罐　11. 竹条　12. 竹箕招牌

云南民族村中的摩梭之家（傈僳族）竹器

拍摄：张小开、孙媛媛（2017 年）

1. 竹背篓、大簸箕等　2. 大簸箕　3. 竹背篓等
4. 竹背篓　5. 竹盒　6. 竹筐　7. 竹背篓

1

2

3

4

5

6

7

1. 壮族家用竹器　2. 竹桌　3. 竹编桌、竹凳
4. 带孔竹编斗笠　5. 带孔竹编斗笠

民族村中的壮族村竹器

拍摄：张小开、孙媛媛（2017年）

6. 竹席　7. 竹渔篓　8. 竹渔罩　9. 竹篓　10. 竹篓
11. 竹筐　12. 竹盒　13. 竹箩　14. 葫芦胎竹编

15. 竹盒　16. 竹包　17. 竹盘　18. 竹篮　19. 竹包
20. 竹手提包　21. 竹筐　22. 竹手提包

23. 竹盘　24. 竹筐盖　25. 竹罐　26. 竹筐套件　27. 竹盘　28. 竹罐　29. 竹篮　30. 竹篮

民族村中的瑶族村竹器

拍摄：张小开、孙媛媛（2017 年）

①

②

③

④

⑤

⑥

7

8

9

10

11

12

13

1. 瑶族厨房内竹器　2. 竹罾、竹渔篓　3. 竹筷笼　4. 竹盒
5. 竹盒　6. 大竹筐　7. 竹帘　8. 竹帘细部　9. 竹笼、竹舀
10. 竹背篓　11. 竹笼　12. 竹簸箕　13. 竹盘

民族村中的基诺族村竹器

拍摄：张小开、孙媛媛（2017年）

1. 基诺族客厅内的竹器　2. 竹桌　3. 竹纺车　4. 竹方桌
5. 竹簸箕、竹桌　6. 竹制引水装置　7. 竹挂笼、竹架等
8. 竹筒、竹笊篱等

6

7

8

民族村中的佤族村竹器

拍摄：张小开、孙媛媛（2017 年）

1. 竹架、竹簸箕等　2. 竹编桌　3. 竹梆　4. 竹编桌
5. 竹背篓等　6. 竹筒工具　7. 竹箩　8. 竹篓
9. 竹制捕鸟工具　10. 竹制引水装置

民族村中的布朗族村竹器

拍摄：张小开、孙媛媛（2017 年）

1. 竹箱　2. 竹手提包　3. 竹背篓　4. 竹箱

民族村中的独龙族村竹器

拍摄：张小开、孙媛媛（2017年）

1

2

3

4

5

1. 竹屋　2. 竹筐　3. 竹簸箕　4. 竹背篓、竹盒　5. 竹筐　6. 竹渔具
7. 竹挂笼　8. 竹挂笼　9. 竹笼　10. 竹筒　11. 竹筐　12. 竹渔具　13. 竹瓦

民族村中的普米族村竹器

拍摄：张小开、孙媛媛（2017年）

1. 竹屋　2. 竹筛、竹筐　3. 竹筐　4. 竹挂笼　5. 竹背篓　6. 竹篮　7. 竹篮　8. 竹筐

民族村中的怒族村竹器

拍摄：张小开、孙媛媛（2017 年）

1. 灶上竹器　2. 竹架、竹筐、竹篮　3. 竹筐、竹篮
4. 竹挂笼　5. 竹舀　6. 竹桌椅　7 — 10. 竹簸箕装饰

民族村中的傣族村竹器

拍摄：张小开、孙媛媛（2017年）

1. 竹渔具 2. 竹渔篓 3. 竹篓、竹罐 4. 竹袋 5. 竹渔篓 6. 竹篓 7. 竹筐 8. 竹纺车

民族村中的水族村竹器

拍摄：张小开、孙媛媛（2017 年）

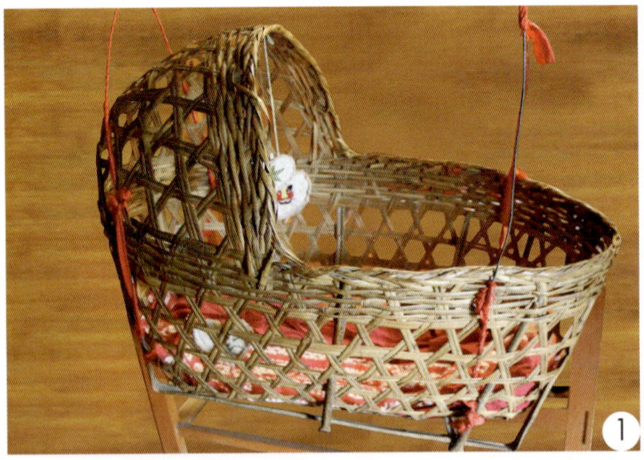

1. 竹吊篮床 2. 竹制饰品 3. 竹挂笼 4. 竹制装饰品 5. 竹颈饰 6. 竹胎编 7. 小竹筐

民族村中的傣族竹屋餐厅

拍摄：张小开、孙媛媛（2017年）

①

②

1. 傣族餐厅内饰 2. 竹制餐桌椅及分隔栏 3. 竹制包间
4. 竹吊灯 5. 竹桌、竹凳 6. 竹制餐桌 7. 竹制内饰

3

5

4

6

7

11.2　西双版纳竹器

西双版纳竹器

拍摄：葛亚平（2016 年）

1. 带盖竹篮　2. 带盖竹篮　3. 竹筛　4. 竹簸箕

5

6

7

8

9

10

5. 竹筐　6. 竹筐底部　7. 竹筐　8. 竹渔篓　9. 竹渔篓底部
10. 竹渔篓 11. 竹篮　12. 竹篮底部　13. 双耳竹篮
14. 双耳竹篮底部 15. 双耳竹筐　16. 双耳竹筐底部

11.3 德宏竹器

德宏某竹器店竹器

拍摄：岳婷（2016 年）

1. 捕鱼装置
2. 竹砻
3. 竹砻
4. 竹罩
5. 竹罩
6. 竹笼
7. 竹渔篓
8. 竹渔篓
9. 竹篓

10. 竹篓　11. 竹篓　12. 竹渔罩　13. 大笊篱　14. 竹盒
15. 竹罐及竹杵　16. 竹鳝笼　17. 竹盒

18

19

20

21

22

23

18. 竹鳝笼　19. 竹罾　20. 竹扇　21. 竹渔罩　22. 竹渔罩
23. 竹渔篓　24 — 26. 竹编斗笠　27. 竹编帽　28. 竹编帽

24

25

26

27

28

29

30

31

32

33

34

35

29. 竹渔篓　30. 竹丝刷　31. 竹箕、竹筐　32. 竹盒　33. 竹盒　34. 竹筐　35. 竹筐底部

德宏州阿昌族竹器

拍摄：张小开、孙媛媛（2016 年）

1. 阿昌族竹楼外景

1

2. 阿昌族竹楼外立面　3. 竹片板　4. 竹护栏　5. 竹墙

6. 竹楼客厅一角　7. 竹屋顶　8. 竹墙　9. 竹门

10. 竹筒　11. 竹筛　12. 竹簸箕
13. 竹篓　14. 竹筐　15. 竹桌

16. 竹篓　17. 竹背篓　18. 春箕
19. 竹背篓　20. 竹斗笠
21. 生活竹器（功能不详）

22. 大孔竹筐 23. 大孔竹筐 24. 竹筐
25. 大竹筐 26. 笊篱 27. 竹筐

11.4　丽江竹器

丽江竹器

拍摄：张小开（2004年）

1

2

3

4

5

1. 竹拐杖　2. 竹筛、竹筐　3. 竹渔篓　4. 竹渔篓　5. 竹篓

6

7

8

9

10

11

12

13

14

15

6. 竹烟斗 7. 竹桌 8. 竹篓 9. 竹罐 10. 竹垫 11. 竹盘、竹篓
12. 竹筐 13. 竹蒸笼 14. 竹箨帽 15. 竹箨帽

16

17

18

19

20

21

16. 竹簸箕　17. 竹盒　18. 葫芦胎竹编　19. 竹背篓　20. 竹吊灯
21. 竹吊灯　22. 竹吊灯　23. 竹箅　24. 垃圾桶竹外套　25. 竹篮

26. 竹筷笼　27. 竹筷笼　28. 竹篓　29. 竹簸箕
30. 竹背篓　31. 菠萝编竹斗笠　32. 牛嘴兜

11.5 云南其他地区竹器

云南其他地区竹器

图片来源：徐艺乙《中国民间美术全集·器用编·工具卷》

1. 竹砻　2. 竹渔具　3. 竹渔具　4. 竹背篓　5. 竹弓箭
6. 竹背篓　7. 竹筐　8. 竹篓、竹夹　9. 竹背篓等

第12章 湖南竹器

湖南省竹资源非常丰富，省内有中国十大竹乡之一的桃江县，还有绥宁县、安化县、桃源县等竹产区。湖南省有益阳小郁竹艺、宝庆竹刻、梅山竹编、湘西竹编等著名传统竹器品牌，其中益阳小郁竹器、宝庆竹刻为国家级非物质文化遗产保护项目。

一、利用原竹制作竹器的小郁竹器

“郁”，益阳方言，是将竹材构件加热弯曲，使之符合造型需要的一种工艺。益阳小郁竹器就是以这种工艺为主，结合拼、嵌、榫合等传统技法制作的竹制品。

益阳小郁竹器很有特色，最大的特点就是使用原竹制作竹器，而不是使用竹编制作。在全国各地的地域竹器中，大多数是以竹编为基础的，以原竹为基础制作的竹器则不多。小郁竹器入选国家级非物质文化遗产项目，体现了小郁竹器制作工艺的独特性。

二、首创翻黄竹刻工艺

清代康熙年间，宝庆竹刻艺人王尚智发明了翻黄工艺。以此法制作竹刻时，艺人先将竹子去青去节，削出竹黄，经煮、晒、碾等工序后，压平贴于木胎或竹胎之上，再抛光打磨，最后运用不同的手法在上面雕刻人物、山水、花鸟。竹黄雕刻色泽犹如象牙，格调高雅，一经问世，即成为达官贵人和文人雅士竞相收藏的珍品，并被朝廷定为贡品和外交礼品。

湖南翻黄竹刻工艺最终被浙江商人带到江苏、浙江一带，并发扬光大。

三、竹背篓文化丰富

同云南省、贵州省、湖北省、广西壮族自治区等地的竹背篓相比，湖南省的竹背篓文化更丰富一些。

湖南省自古以来就有“篓不离背、杵不离篓”的民谚。例如，姑娘出嫁要织“洗衣背篓”做嫁妆。洗衣背篓小巧玲珑，篾丝细腻，图案别致，花纹精妙，是新娘子巧手勤劳的标志。女儿生孩子，娘家要送一个“儿背篓”作为“礼行”。儿背篓为长筒形，腰小口大，专用来背孩子。砍柴、扯猪草则用“柴背篓”。柴背篓篾粗肚大，经得起摔打。摘苞谷、小谷则用“扎背篓”，扎背篓腰细，口呈喇叭形，底部成方形，高过头顶，像倒立葫芦，可背更多东西。不同的背篓其编织的精细程度也不一样，如洗衣背篓需要采用特别精细的竹篾编织；柴背篓则需要用宽大的竹篾编织。

四、湘西竹编工艺精细

在湘西地区，艺人将制作竹器的竹篾做得十分精细，因此，用其编织出的竹器便显得十分精致。有时配合使用略粗一点的竹篾能形成丰富多样的竹编造型。如果再配上经过自然染料染黑的竹篾，还可以编织出各种精细的图案和文字等装饰。湘西精细的竹编不仅是日用品，也是竹器编织技艺的展示品，有的还是精巧绝伦的工艺品。

五、竹制昆虫玩具较有特色

湖南省的竹器除了竹雕、竹刻、竹编等常见竹制品外，还有一类竹制品很有特色，那就是使用竹材制作的各种竹制玩具，如竹制的螃蟹、甲虫、螳螂、知了、蟋蟀等。在制作昆虫类玩具时，可利用较大竹片制作昆虫的身体，利用小竹枝制作昆虫的四肢和触须等，使制作出的竹昆虫玩具惟妙惟肖。

12.1 湘西竹器

凤凰古镇竹器

拍摄：王安霞（2005 年）

3

4

5

6

1. 各式竹筛、竹篮　2. 竹盘、竹盒、竹背篓等　3. 竹背篓　4. 竹罾、竹渔篓、斗笠、竹筛
5. 盛酒竹筒　6. 盛酒竹筒　7. 竹篮等　8. 竹盘等　9. 竹菜罩　10. 竹簸箕　11. 竹筛
12. 竹渔篓等　13. 圆簸箕　14. 竹蒸架

7

8

9

10

11

12

13

14

15. 盛酒竹筒 16. 竹纺器 17. 竹书箱 18. 竹纺车 19. 竹篮 20. 竹木纺车

芙蓉古镇竹器

拍摄：张小开（2016 年）

1. 各式竹背篓　2. 竹器店内的各式竹器
3. 竹盘、竹筛套件、竹篮套件、竹筐、竹背篓等

2

3

12.2 怀化竹器

怀化街头竹器

拍摄：张小开、孙媛媛（2016 年）

1

2

3

4

5

6

7

1. 竹笼 2. 方竹筐 3－7. 各式竹篮 8. 元宝篮 9. 竹篮
10. 竹簸箕 11. 竹箩 12. 长提梁竹筐 13. 竹背篓

湘西竹艺苑竹器

图片来源：https://jimizhang.taobao.com

1. 带盖竹篮　2. 带盖竹篮　3. 竹罩　4. 竹背篓

5. 带盖竹篮　6. 竹渔篓　7. 竹背篓　8. 带盖竹篮　9. 竹渔篓
10. 竹烘罩　11. 带字竹簸箕　12. 带字竹簸箕背面　13. 竹花器

14. 竹篮套件　15. 竹篮　16. 竹背篓　17. 带盖竹篮　18. 带盖竹篮　19. 竹罐
20. 竹菜罩　21. 竹菜罩　22. 长竹篮　23. 带盖淘米篮　24. 带盖淘米篮　25. 竹筐

26. 竹筐　27. 长竹筐套件　28. 长竹筐　29. 竹筐　30. 竹筐套件　31. 蛐蛐笼
32. 竹筐　33. 竹筐套件　34. 蛐蛐笼　35. 竹盘　36. 小簸箕套件　37. 竹背篓

38. 带盖竹篮　39. 竹瓶　40. 竹瓶底部　41. 带盖竹篮　42. 竹盒　43. 竹盒　44. 竹筷笼　45. 竹筐　46. 竹筐　47. 竹盘　48. 竹盘底部　49. 竹篮　50. 高脚竹盘　51. 高脚竹盘　52. 竹篮　53. 竹筐　54. 竹筐底部　55. 竹箩　56. 元宝竹筐　57. 元宝竹筐底部　58. 竹篮

47

48

49

50

51

52

53

54

55

56

57

58

59

60

61

62

63

64

65

66

67

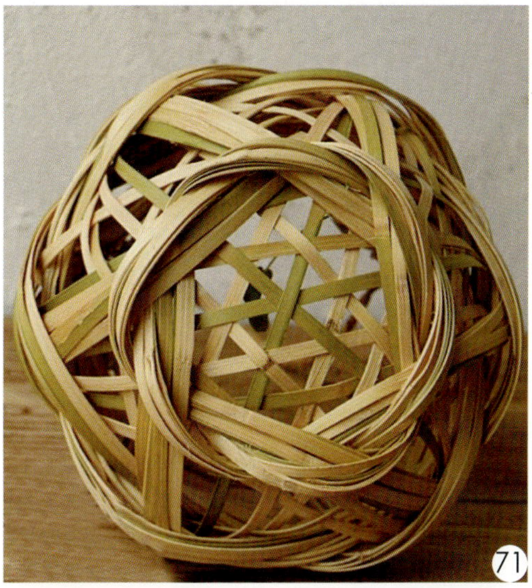

59. 竹瓶
60. 竹瓶底部
61. 竹斗笠
62. 竹筛
63. 竹筛底部
64. 竹根装饰件
65. 带盖竹篮
66. 带盖竹篮
67. 竹笼
68. 竹筐套件
69. 竹筐底部
70. 花式竹篮
71. 花式竹篮底部
72. 竹篮
73. 元宝篮

12.3 长沙竹器

长沙市某竹木制品厂竹器

拍摄：（不详）

1 — 10. 竹制昆虫玩具

11. 竹制健身球、竹盘　12. 竹制健身球　13. 竹手串
14. 竹根碗　15. 竹根罐　16. 竹根罐

17. 竹根灯　18. 竹雕　19. 竹根烟斗　20. 竹根笔筒　21. 竹饰品　22. 竹根烟斗

12.4 衡阳竹器

衡阳某竹器店竹器

拍摄：张小开、孙媛媛（2016 年）

1. 竹器店内各式的竹器

2

3

4

5

6

7

8

9

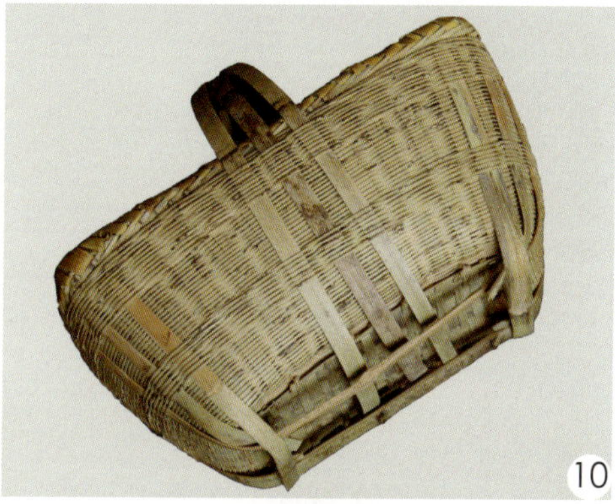
10

11

2. 大竹篮　3. 竹筛　4. 竹框　5. 竹箩　6. 竹筛　7. 竹筛
8. 双耳竹篮　9. 方竹篮　10. 方竹篮　11. 竹罩

12. 竹锤　13. 竹笔筒　14. 竹提梁　15. 竹凳　16. 竹编帽　17. 竹编帽

12.5 岳阳竹器

岳阳楼景区竹器

拍摄：张小开、孙媛媛（2016 年）

1. 竹碗　2. 竹烟灰缸　3. 竹杯、竹痒痒挠　4. 各式竹碗
5. 竹杯　6. 竹杯、竹勺　7. 竹尺

岳阳博威竹家居竹器

图片来源：https://shop119640722.taobao.com

1. 折叠竹躺椅　2. 折叠竹躺椅　3. 折叠竹桌
4. 折叠竹桌　5. 折叠竹躺椅　6. 折叠竹躺椅

临湘市某竹器店竹器

拍摄：张小开、孙媛媛（2016 年）

1. 竹烟袋　2. 竹帽
3. 竹丝刷　4. 各式竹椅

5. 竹抽纸盒　6. 竹盒　7. 竹烟灰盒　8. 竹簸箕套件
9. 小竹凳　10. 竹枕　11. 小竹凳　12. 竹杯　13. 竹斗笠
14. 竹痒痒挠　15. 竹梯

12.6 益阳竹器

益阳市某竹艺公司竹器

图片来源：益阳市朝阳小郁竹艺有限公司官网

1

2

3

4

5

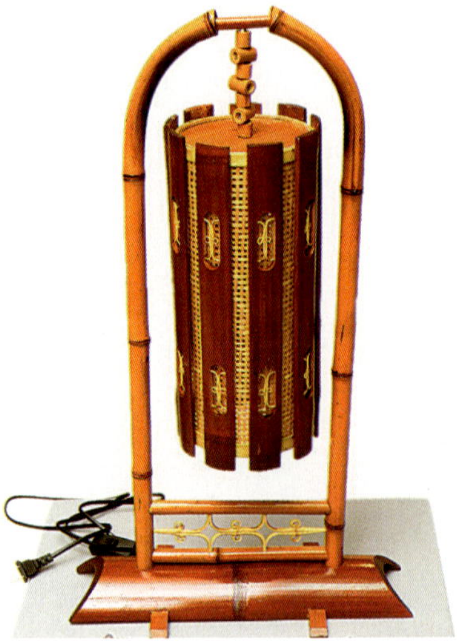
6

7

8

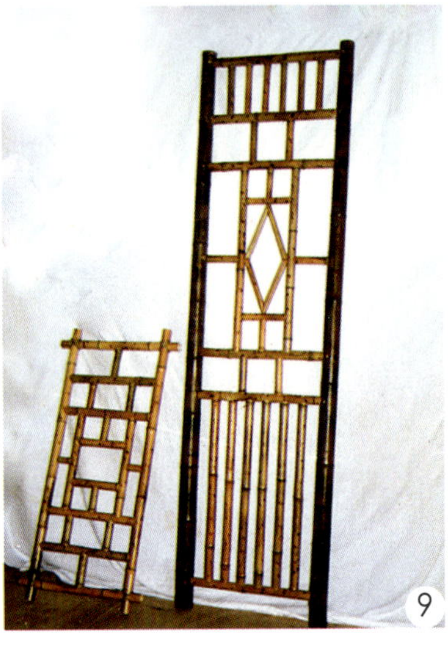
9

10

1. 竹台灯　2. 竹台灯　3. 竹台灯　4. 竹制舞台　5. 竹灯　6. 竹灯
7. 竹灯　8. 竹灯　9. 竹门　10. 竹搁物架　11. 竹工艺品
12. 竹制内饰　13. 竹门楼　14. 竹家具　15. 竹隔断　16. 竹家具

第13章 湖北竹器

湖北省竹资源非常丰富，竹林面积相对较大，其中湖北省的赤壁市有竹乡之称。省内有武穴竹编、潜江竹器等著名传统竹器品牌，其中武穴竹编为国家级非物质文化遗产项目。

一、武穴竹编是湖北省竹器的代表

武穴竹器有竹制家具、竹编、竹雕工艺品等。武穴竹器“牢固而不显粗笨，精巧而不失单薄，富有装饰而不失烦琐”。其中竹制家具等竹器一般选用竹竿中间最长竹节的中段来制作，在结构上尽可能地简化，使竹器结构显得清晰明了。竹竿各部件的连接结构设计十分精巧，让人感觉不到竹器拼接的烦锁结构，制作技术十分高超。竹制家具大都横平竖直，具有中式家具的神韵。另外，武穴竹器在制作过程中采用独特的表面处理技术，使竹器的表面光亮丝滑、效果华丽。

武穴竹编特色鲜明，是湖北省竹器的代表。

二、竹椅的制作工艺独特

在湖北省荆州张居正故居的走廊上，摆放着十余个竹椅和竹桌。竹椅和竹桌都是由圆竹竿和竹片制作而成，其中椅子形式富有变化，有座椅、扶手椅等，即使是椅背也造型各异。特别是扶手椅的椅背、扶手、椅腿等部位通常采用“一根藤”的造型处理手法，即用 2 ～ 3 根较长的小竹竿，直接弯曲成椅背、扶手和椅腿，并且是“一气呵成”。在湖北省的竹器中，这种竹器制作工艺难度较大。

三、红色、黑色与竹原色搭配的竹器别具一格

在湖北省竹器中，有一个特点十分鲜明，就是在竹器中通常会使用一定的红色，别具一格。在荆楚大地，这种红色搭配竹原色，有时再配以黑色文字的装饰手法是有历史文化底蕴的。从已出土的众多古代漆器中可以看出，其主要配色就是红色和黑色，如荆州出土的春秋战国时期的凤鸟双联杯、彩绘竹制乐器、彩绘竹扇等，都是使用类似的色彩搭配。在竹材原色基础上搭配红色或少量的黑色，在现今楚文化的配色中仍十分流行。

13.1 荆门竹器

荆门某竹器店竹器

拍摄：唐蓉（2016 年）

1. 竹器店内竹器 2. 竹篮 3. 竹篮 4. 竹簸箕 5. 竹簸箕 6. 竹筐 7. 圆簸箕 8. 竹筐 9. 竹筐 10 — 12. 各式竹簸箕

1

2

3

4

5

6

7

8

9

10

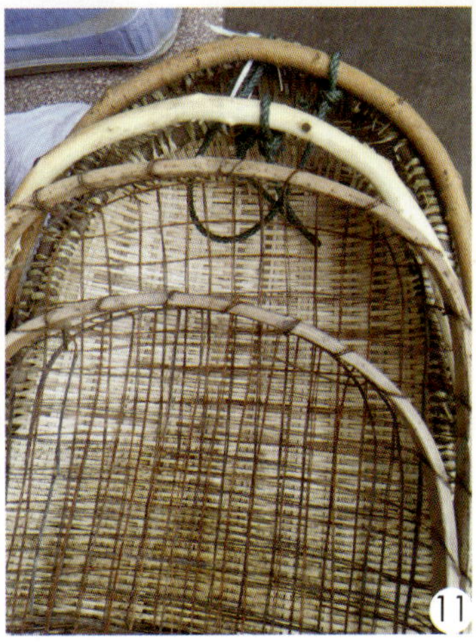
11

12

13.2 荆州竹器

荆州张居正故居竹桌椅

拍摄：张小开、孙嫒嫒（2018 年）

3

4

5

1 — 5. 竹制桌椅

13.3 恩施竹器

恩施竹器

图片来源：http://pic.cnhubei.com

③

④

⑤

1. 大竹篮
2. 大竹篮
3. 竹渔篓
4. 竹背篓
5. 竹背篓
6. 竹筐
7. 盛酒竹筒

⑥

⑦

第14章 上海竹器

上海市是世界金融中心之一，也是世界上城市人口数量最多和面积最大的都会区之一，但上海市竹林面积较小，竹林资源较少。

一、传统竹器受江浙竹器影响较大

海派文化虽然有其自身的特色和历史渊源，但在竹器的开发和利用方面，上海竹器则受江浙一带竹器品类和竹器制作工艺的影响较大。上海竹器的编织手法和工艺均采用日用竹器的常用手法，市场上所见的竹器类型一般也是江浙一带常见的竹器，其中精编竹器大多数产自江浙一带。

二、“十竹九造”为我国现代竹文化创意品牌的代表

“十竹九造”品牌于2011年在上海创建，是一个富有现代竹文化创意品牌，它致力于竹灯具的设计与开发。同广州的“自然家”竹器类似，“十竹九造”也是近年来我国出现的为数不多的竹文化创意品牌。“十竹九造”企业设计研发了近百种不同类型的竹制灯具，如各式吊灯、落地灯、台灯等。这些竹制灯具比较符合现代人的生活习惯和审美需求，是对中国传统的竹器造物文化的传承和发扬。

三、上海竹产业博览会推动现代竹产业发展

自2006年以来，上海市多次举办或承办竹产业博览会，将全国的竹制品企业集聚一堂，向全国乃至世界展示我国各地生产的竹制品。上海竹产业博览会对我国各地竹产业发展的推动无疑是巨大的。

14.1 上海现代竹器

上海竹产业博览会竹器

拍摄：张小开、蒋兰（2006 年）

1

2

3

4

5

6

7

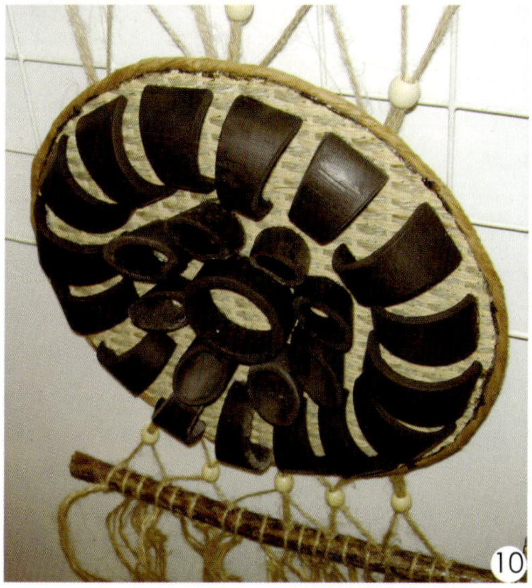

1. 厨房竹制用品　2. 竹菜板　3. 竹刀架　4. 竹手提包　5. 竹盒、竹字画
6. 竹盘、竹碗　7. 竹扇　8. 竹箨盒　9. 竹箨盘　10. 竹炭挂饰　11. 竹盒
12. 竹盒　13. 竹火把

“十竹九造”竹灯具

图片来源：http://www.bamboomade.com

1. 竹吊灯　2. 竹台灯　3. 竹台灯　4. 竹吊灯　5 — 7. 各式竹台灯

14.2 南翔古镇竹器

南翔古镇竹器

拍摄：张小开（2017 年）

1. 双耳竹筐
2. 竹箅
3. 小竹篮套件
4. 竹篮
5. 双耳淘米篮
6. 长竹篮
7. 竹菜罩
8. 马桶刷
9. 竹苍蝇拍

第15章 河南竹器

河南省虽然竹资源相对较少，却拥有博爱竹器、洛宁竹器两个著名地域竹器品牌，且这两个地域竹器均为河南省升级非物质文化遗产项目。河南省位于中华腹地，境内黄河两岸的竹产区在近代就已大大减少，河南省的博爱县是我国竹林分布的最北边。在我国北方竹林中，博爱县竹林面积最大、竹种最多，为黄河流域仅有的古竹林分布区。

一、有全国唯一的地处黄河以北的竹器产地

河南省博爱县竹林在黄河以北长期存在，博爱县现已成为特色竹乡，是我国地理位置最北的竹器产地，生产的竹器有 200 余种。处在同一纬度的竹器之乡虽然还有陕西渭南市的华州区（代表性竹器为华县竹编）、甘肃平凉市的庄浪县（代表性竹器为庄浪竹器），但地处黄河以北的仅有博爱县一处。

二、博爱竹器、洛宁竹器是河南省竹器的代表

博爱县和洛宁县是河南省内为数不多的竹器之乡。这两个地方都是利用本地竹材生产制作各类竹器。河南省其他地方虽也有零星竹林分布，但那些地方很少生产竹器。洛宁竹器和博爱竹器是河南省的代表性竹器。

洛宁竹器主要包括：生产用的竹器，如竹篓、竹筐、竹筛、竹耙等；生活用的竹器，如竹席、竹床、竹椅、门帘等；观赏类竹器，如鸟笼、竹笛、盆景架、花瓶、果盘等。这些都是生产和生活中常用的竹器。博爱县除了制作常见的竹器外，还集中生产特色竹器，如“许良竹椅泗沟篦”“牛磨门帘南道篮”“辛庄簸箩中道耙”以及下水磨竹筷、冯竹园筐等。相比较而言，博爱竹器比洛宁竹器的品种更多、生产规模更大、特色更鲜明。

15.1 博爱竹器

博爱县竹器

拍摄：吴淼

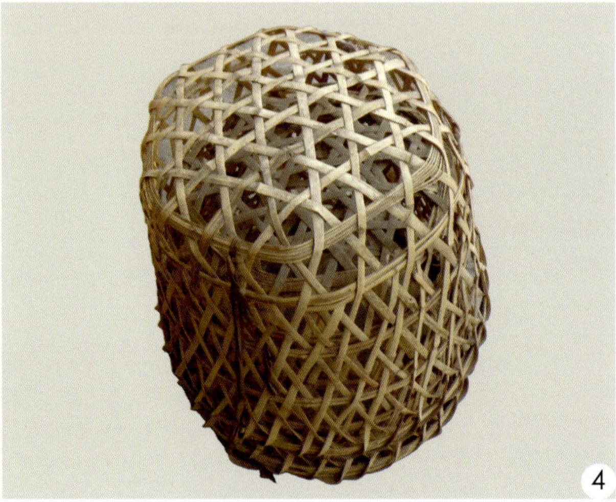

1. 竹篮 2. 竹躺椅 3. 竹筐、竹笼 4. 竹笼 5. 带盖竹篮
6. 带盖竹篮 7. 竹床、竹枕 8. 竹凳 9. 竹躺椅 10. 竹扫帚

5

6

7

8

9

10

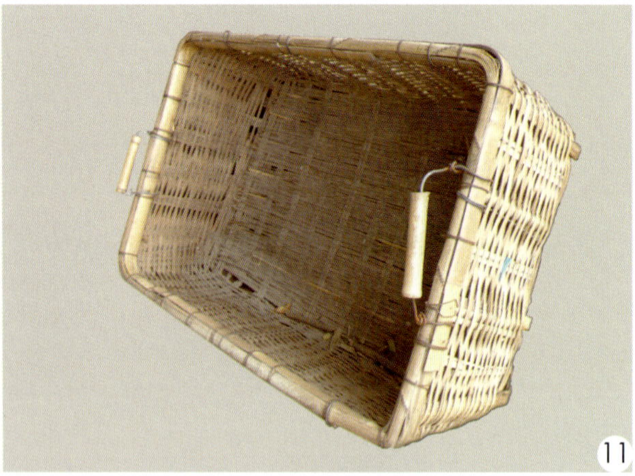

11. 大竹筐　12. 圆竹筐　13. 竹鸡笼　14. 竹鸡笼　15. 竹帽　16. 圆竹帽　17. 竹架　18. 竹床
19. 竹沙发　20. 竹几、竹篮、竹鸟笼　21. 瓷胎竹编　22. 竹灯　23. 竹扇骨

17

18

19

20

21

22

23

第16章 陕西竹器

陕西省竹资源相对丰富。华州竹编为陕西省地域竹器品牌，而且是陕西省非物质文化遗产项目。

一、华州区是我国最北的竹器产地之一

华州竹编所在地的渭南市华州区几乎和河南省的博爱县处于同一纬度，加上甘肃省平凉市的庄浪县，三者都是我国地理位置最北的竹器产地。

二、华州竹编地域特色明显

华州竹编技艺是陕西省一项古老的传统手工技艺，已有千余年历史。华州竹编选料考究，造型精美，工艺精湛，产品涵盖沙发、书架、屏风、茶几、桌椅、背篓、笼、筛、席、篦等十多种，每一种又有不同的用途和造型。其中具有陕西地域特色的当属染色竹筛、馍篮、马蹄篮、竹笼等当地人们常用的竹器。华州竹器与陕西人民的生产和生活紧密相连。

另外，华州竹编艺人编织的龙、鸡、壁虎、知了、乌龟、螳螂等各种动物竹编，形象生动，颇具特色，展现了华州竹编艺人的高超技艺和独特创意。

16.1 华州竹器

1 — 4. 竹编动物

5. 竹筛、竹筐 6. 竹篮 7. 瓷胎竹编 8. 竹罐 9. 大型套篮 10. 带字竹筐

第17章 海南竹器

海南省竹资源较为丰富，全省主要竹种有麻竹、粉单竹、甲竹、四季竹、青皮竹、巨龙竹、勃氏甜龙竹等，其中绝大多数为人工种植。白沙黎族自治县集中连片的竹林较多，是海南的竹子之乡。其他市、县竹林都较为分散，主要栽种在房前屋后，这也是海南省竹林分布的一大特点。海南省的主要竹器有竹屋、竹制捕鱼工具等。海南省竹器文化较为丰富。

一、黎族竹屋较有特色

海南省自然地理条件优越，岛内竹木茂盛，因而黎族在房屋建筑上使用了大量的竹材和木材。竹材可以用作柱、梁椽、瓦、墙面等，这与云南傣族竹楼使用的竹材有一定的相似性。但黎族竹屋不都是像傣族“干栏式”竹楼那样的两层结构，黎族竹屋还有一种完全落地式的竹屋，只有一层，墙体和主要结构均采用竹材或木材，这是它们同其他少数民族竹屋的差异。

二、竹竿舞蕴含丰富独特的文化

竹竿舞也叫跳竹竿，黎语意为“跳柴”，是黎族一种古老的祭祀方式，已有数百年历史。竹竿舞的主要道具就是竹竿。在很早以前，每当黎族人通过辛勤耕作，换得新谷归仓时，村里男女老少便喜气洋洋，身着节日盛装，在庭院或打谷场上跳这种竹竿舞。舞时，竹竿两边各蹲 4 个人，每个人双手平握竹竿末端，按节奏敲打，舞者随着竹竿的张合，两脚不断上跳下踏，做出各种美妙动作。在现今的“三月三”，即被黎族人称为“山恋节”的日子里，黎族青年也常跳竹竿舞，目的是借助竹竿搭“鹊桥”，以寻找爱情。

三、黎族竹筒虽然简单，却是最具实用价值的竹器

“竹筒饭”最初是黎族人外出时吃的食物。古时候，黎族人进山打猎，往往需要好几天才能下山，因此需要携带足够食物。后来人们发现，将竹子制成弓箭后，所剩下的竹节可以用作盛器，便将生米放入竹节中煮熟，这样做好的米饭不仅清香而且携带方便，这就是竹筒饭的来历。之后，黎族的妇女为了祈祷丈夫平安归来，都会亲手制作竹筒饭，让亲人出门时带在身边。

四、各类竹制渔具至今仍是黎族人不可缺少的生产工具

海南省四面环水，岛内水系发达，捕鱼是岛内居民的一项传统劳作方式，与捕鱼生产相联系的竹制捕鱼工具比较多。至今，竹制渔具仍是黎族人生活中不可缺少的生产工具。

17.1 黎族竹器

保亭县黎族竹器

拍摄：张小开、孙媛媛（2016 年）

1. 黎族竹屋　2. 竹筛、竹筐　3. 竹桌

1

2

3

17.2 五指山竹器

五指山市竹器

图片来源：徐艺乙《中国民间美术全集·器用编·工具集》

1

2

3

4

5

1. 竹笼 2. 竹笼 3. 竹罩笼 4. 竹篓 5. 竹篓

6. 竹渔罩　7. 竹渔罩　8. 葫芦胎竹编　9. 竹渔罩
10. 竹渔罩　11. 竹渔罩　12. 竹渔篓

第18章 西藏竹器

西藏自治区平均海拔在4000米以上，素有“世界屋脊”之称，由于竹子很难生长在这种温差较大的高海拔地区，因此西藏自治区大部分地区很少见到竹林。但在西藏自治区东南部林芝市，特别是墨脱县及周边等地形相对较低的地区，则有藤竹生长。藤竹是林芝特有的一种竹子，具有藤的材料特性。以藤竹为材料的门巴竹编是西藏自治区为数不多的特色竹编之一。

西藏自治区内的竹器主要产于林芝市，其中以墨脱县生产的竹器为主，如墨脱的门巴竹器就很有代表性。门巴竹器以当地出产的实心藤竹作为原材料，将藤竹制作成竹篾后再编制成各类竹器。门巴竹器主要有竹制背篓、“邦琼”“休差”和“休斯贡”等，其他的竹器还有诸如竹筐、竹篓、竹帽、竹包、竹滑索等。门巴竹器喜用鲜艳的色彩做装饰。

墨脱藤竹背篓采用墨脱特有的实心藤竹表皮，使用门珞群众口口相传的古老技法编织而成。与其他背篓相比，墨脱藤竹背篓质地更加柔软，长时间背负不伤肩背，且坚固耐用，风吹日晒都不易开裂，可作旅行背包、日常购物器具使用。

“邦琼”作为墨脱最具代表性的传统手工艺品，有着悠久的历史。“邦琼”分为上下两个部分，上盖较下碗略大一圈，可以较为严实地合闭在一起，即使路途颠簸也不会被打开，其藤条之间结合十分紧密，即使是存放针线，也不会漏出。藤条本身出色的材质特性，又赋予其良好的透气性，存放食物不易变质。如今“邦琼”已成为广大游客青睐的旅游纪念品。

墨脱门珞族群众擅酿酒、喜饮酒，而“休差”正是他们外出劳作、走亲访友、宴请宾客时，用来盛酒的一种特制容器。其结构分为内外两层，内层为天然的大竹筒，留竹节，在竹节一端开一小孔，用于倒出酒液；外层选择坚固的藤竹细条，用天然染料染出缤纷色彩后，再由当地的老手艺人手工编织而成。最终制成的“休差”，外表美观大方，内里坚固耐用，是不可多得的日常用具与艺术珍品。

“休斯贡”实际上是一种方形的竹盒(带盖)。墨脱县背崩乡、德兴乡是“休斯贡”主要的原产地。“休斯贡”的原材料主要是一种当地人叫“热秀”的特殊竹子，其竹条锋利，编制时需小心谨慎。“休斯贡”透气性较好，内盛食品，食品不易变质。

18.1 林芝竹器

林芝市巴宜区八一镇尼洋阁竹器

拍摄：傅儒牛、张嘉琪（2016 年）

1. 竹筐 2. 扁竹筐 3. 扁竹筐

4

5

6

7

4. 竹背篓　5. 竹背篓
6. 竹背袋　7. 竹筐

林芝市墨脱县门巴竹器

图片来源：墨脱县官方网站

1. 各式门巴竹器

2

3

4

5

6

2. 邦琼　3. 邦琼　4. 休差　5. 休差　6. 休差　7. 竹背篓
8. 休斯贡　9. 休斯贡　10. 竹手串　11. 竹帽　12. 竹鸡窝
13. 竹鸡窝

7

8

9

10

11

12

13

14. 竹筐　15. 竹背篓、竹溜索　16. 竹筒、竹背篓、竹筐等
17. 竹筐　18. 竹背篓

第19章 台湾竹器

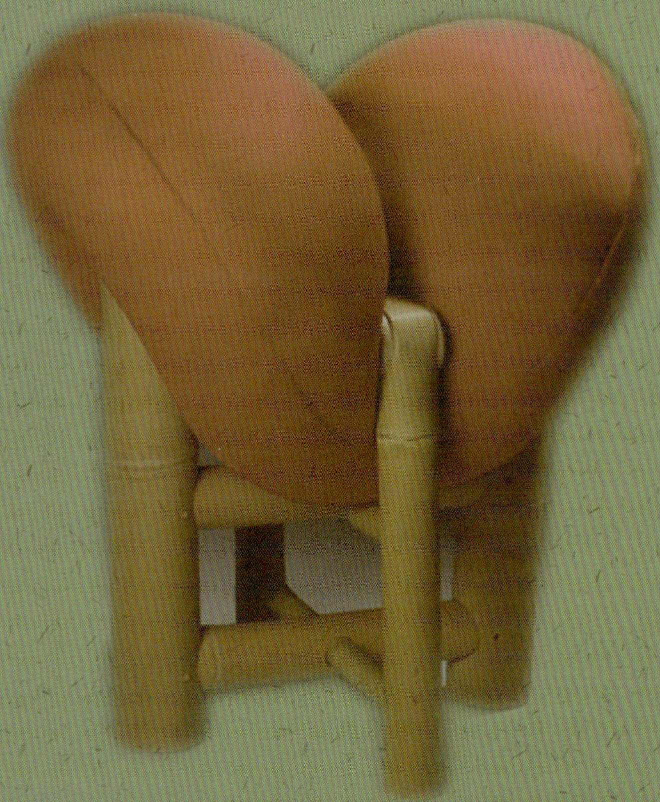

台湾省位于我国东南沿海的大陆架上，总面积约 3.6 万平方千米，包括台湾岛及兰屿、绿岛、钓鱼岛等附属岛屿和澎湖列岛等岛屿，是一个多岛之省。其中台湾岛是我国第一大岛。台湾岛大部分地区为山地与丘陵，平原主要集中于西部沿海。

台湾的竹林面积达 17.56 万公顷，竹林占台湾林地面积的 8.35%。南投县是台湾著名的竹乡，竹资源丰富，竹产业发达。

19.1　南投竹器

竹电风扇
（设计师：周育润；工艺师：陈高明；尺寸：高25cm，宽20cm，长25cm；2008年）

BAMBOOL（竹凳）
（设计师：周育润；工艺师：苏素任；尺寸：高73cm，宽45cm；2008年）

（左）明韵
（设计师：陈俊豪；工艺师：黄多恩；尺寸：高5cm，宽14.5cm，长14.5cm；2007年）
（右）花景
（设计师：廖柏晴；工艺师：林国隆；尺寸：高32cm，宽45cm，长45cm；2007年）

（左）43 号椅（设计师：Konstantin Grcic；工艺师：陈高明；尺寸：高 77cm，宽 53cm，长 55cm；2008 年）
（右）弓椅（设计师：吴东治；工艺师：陈高明；尺寸：高 78cm，宽 44.5cm，长 55cm；2008 年）

（左）竹片（设计师：朱志康；工艺师：叶基祥；尺寸：高 200cm，宽 35cm，长 35cm；2008 年）
（右）竹便当（设计师：张释文；工艺师：竹工艺师：林群涵；陶工艺师：汪弘玉；尺寸：高 24cm，直径 9cm；2008 年）

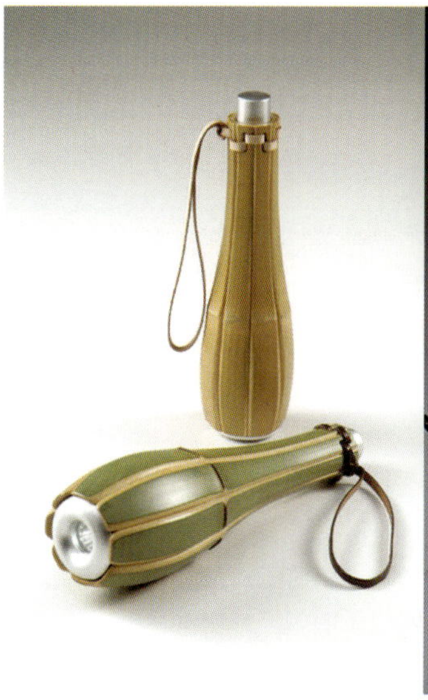

（左）竹光（设计师：吴东治；工艺师：林群涵；尺寸：高 25cm，宽 8cm，长 8cm；2008 年）
（中）喵（设计师：骆毓芬；工艺师：苏素任；尺寸：高 20cm，直径 45cm；2009 年）
（右）竹浪（设计师：刘一德；工艺师：林群涵；尺寸：高 24cm，直径 9cm；2009 年）

（左）沙发（设计师：王俊隆；工艺师：陈高明；尺寸：高 80cm，宽 90cm，长 100cm；2008 年）
（右）板凳（设计师：徐景亭；工艺师：陈高明；尺寸：高 50cm，宽 33cm，长 40cm；2009 年）

曲竹三脚凳（设计师：刘晨旭；工艺师：陈高明；尺寸：高 75cm，宽 38.5；2009 年）

（左）竹心（设计师：周育润；工艺师：苏素任；2009 年）
（右）爱与巢（设计师：卢家恩；工艺师：陈高明；尺寸：高 66cm，宽 66cm，长 96cm；2009 年）

（左）PO PO 椅（设计师：林晓瑛；工艺师：邱锦缎；尺寸：直径 65cm；2010 年—2011 年）
（右）爆竹（设计师：林桓民；工艺师：叶基祥；尺寸：高 56cm，宽 66cm，长 50cm，2010 年—2011 年）

（左）册椅（设计师：刘一德；工艺师：陈高明；尺寸：高 70cm，宽 50cm，长 60cm，2010 年—2011 年）
（右）泡泡沙发（设计师：周育润；工艺师：苏素任；尺寸：高 52cm，宽 166cm，长 70cm；2010 年—2011 年）

（左）蓬蓬裙椅（设计师：骆毓芬；工艺师：苏素任；尺寸：直径 35cm，高 50cm；2012 年）
（右）竹躺椅（设计师：Humberto and Fernando Campana；工艺师：叶基祥、李瑞科、林建成；尺寸：高 86cm，宽 50cm，长 84；2010 年—2011 年）

（左）竹系 - 筑系（设计师：林晓瑛；工艺师：邱锦缎；尺寸：直径 36cm，高 78cm/ 直径 28cm，高 41cm；2012 年）
（右）飘（设计师：范承宗；工艺师：陈高明；尺寸：高 60cm，宽 85cm，长 213cm；2012 年）

石大宇设计的竹器

张小开根据网上资料汇总、整理

椅君子

椅琴剑

琴室系列——椅满风

琴室系列——椅满空

琴室系列——桌阮咸

琴室系列——架阮咸

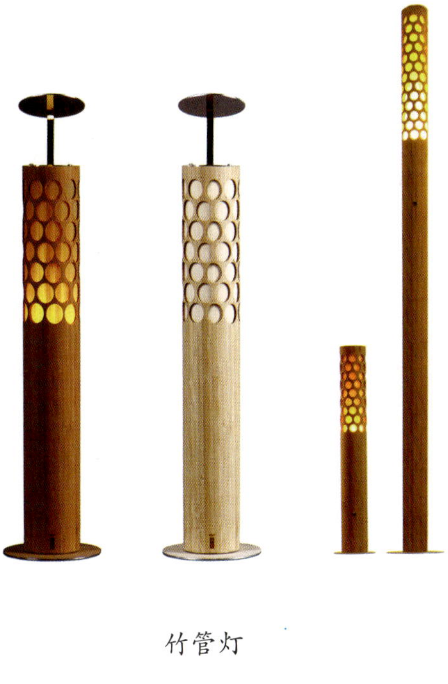

竹管灯

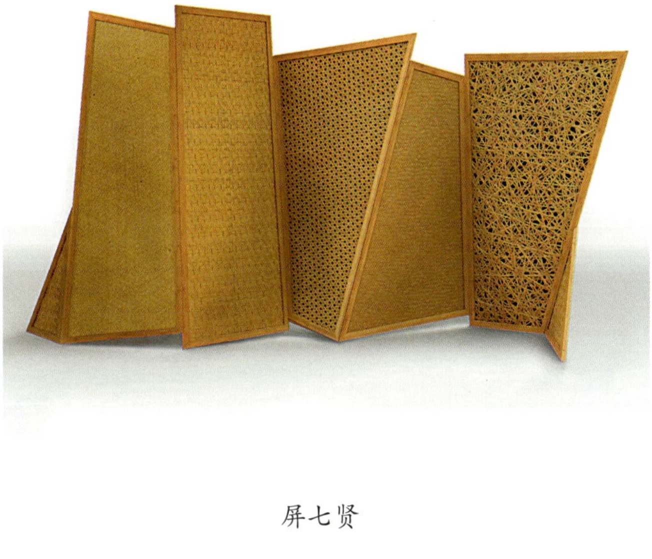

屏七贤

南投竹文化园区竹器

图片来源：张小开根据网上资料汇总、整理

1. 竹山文化园入口　2. 竹制导览图　3. 竹马
4. 竹轿　5. 竹摇床　6. 竹轿

2

3

4

5

6

7

8

9

10

11

12

13

14

15

7. 儿童竹摇椅　8. 儿童竹摇椅　9. 竹钟盘
10. 竹马　11. 竹制拼图玩具　12. 竹乐器
13. 竹乐器　14. 竹灯笼　15. 竹灯笼

16

17

16. 竹景观小品　17. 竹景观小品
18. 竹雕塑十二生肖　19. 竹雕塑十二生肖

18

19

南投县竹艺博物馆竹器

图片来源：http://www.nthcc.gov.tw/bamboo/index.asp

1. 竹艺博物馆入口　2. 各式竹灯罩　3. 竹玩具

2

3

4

5

6

7

8

9

4. 竹展示台　5. 各式农渔竹器　6. 竹乐器　7. 竹琴　8. 竹椅、竹几　9. 竹躺椅
10. 竹橱柜　11. 竹龟壳　12. 竹瓶　13. 竹包　14. 竹篮　15. 竹背包　16. 竹渔篓
17. 竹花篮　18. 竹斗笠　19. 竹扇　20. 竹烘炉　21. 竹罐　22. 竹婴儿床　23. 子母椅

10

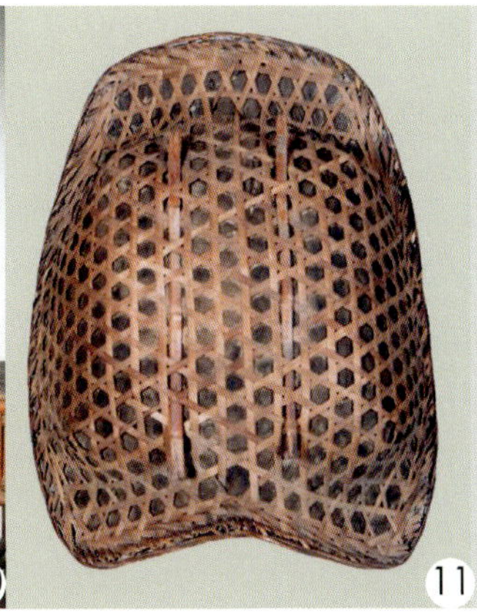
11

12

13

14

15

16

17

18

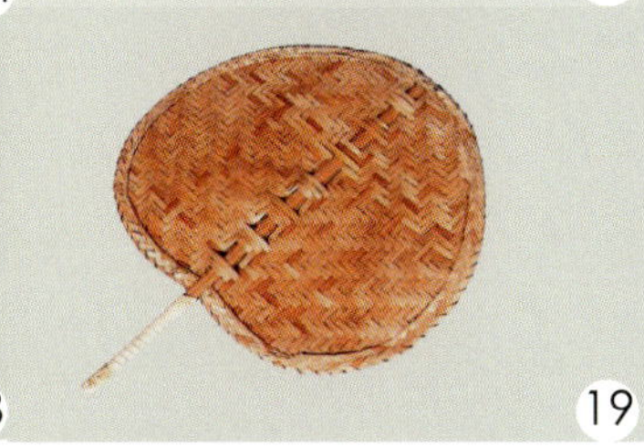
19

20

21

22

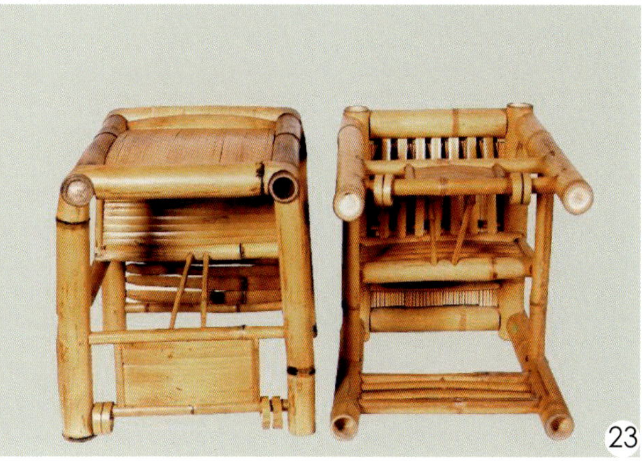
23

19.2 台北竹器

台湾文化创意产业博览会特展——“竹之问”展览会竹器

图片来源：https://www.douban.com

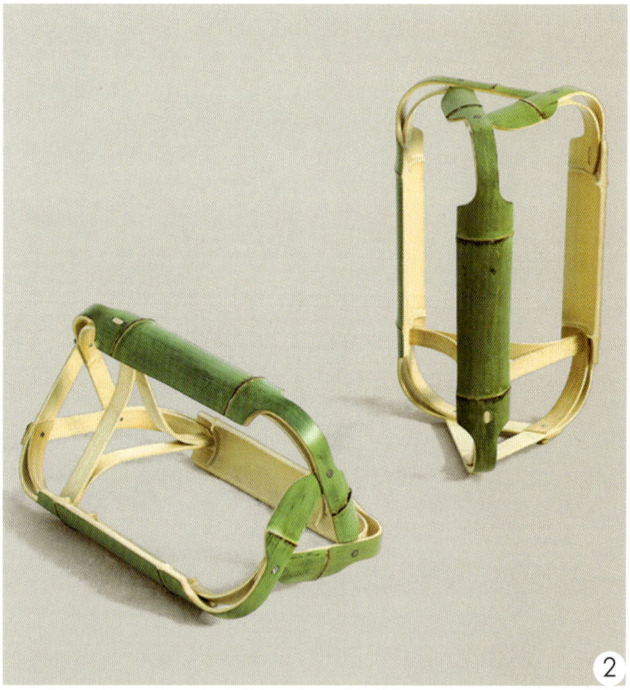

5

6

7

1.“清思维”竹椅 2.“清转合”竹椅 3. 竹茶具 4. 环竹桌椅 5. 竹椅、竹凳、竹几 6. 竹椅 7. 竹长凳 8. 竹长凳 9. 竹凳 10. 大竹垫 11. 竹沙发 12. 竹凳 13. 竹凳 14. 竹凳 15. 竹椅 16. 竹桌 17. 竹椅 18. 竹几 19. 竹凳 20. 竹凳 21. 竹凳 22. 竹桌 23. 竹椅 24. 竹凳 25. 竹凳 26. 竹凳面 27. 竹椅 28. 竹椅 29. 竹椅 30. 竹几

8

9

10

11

12

13

14

15

16

17

18

19

20

21

22

23

24

25

26

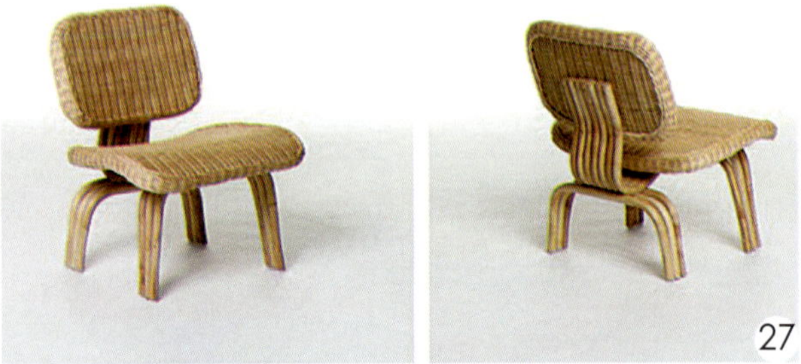
27

28

29

30

19.3 台湾其他地区竹器

苗栗县竹器

图片来源：张小开根据不同网络资料整理、汇总

1

1. 竹菜板

2

3

4

5

6

2. 竹烘炉　3. 牛嘴兜　4. 竹渔篓　5. 竹秧筐　6. 竹龟壳

7. 工艺竹器 8. 工艺竹器 9. 工艺竹器 10. 工艺竹器

7

8

9

10

太乙工作室竹器

图片来源：https://www.pinkoi.com/store/tik-a

1. 竹隔热垫 2. 竹名片盒 3. 竹盘
4. 竹隔热垫 5. 竹菜板 6. 竹钟表

1

2

3

4

5

6

桃园市竹器

图片来源：http://archives.hakka.gov.tw/index.php

1

2

3

4

5

1. 竹提篮　2. 竹笼　3. 竹菜罩
4. 竹箅　5. 竹扁担

6

7

8

9

10

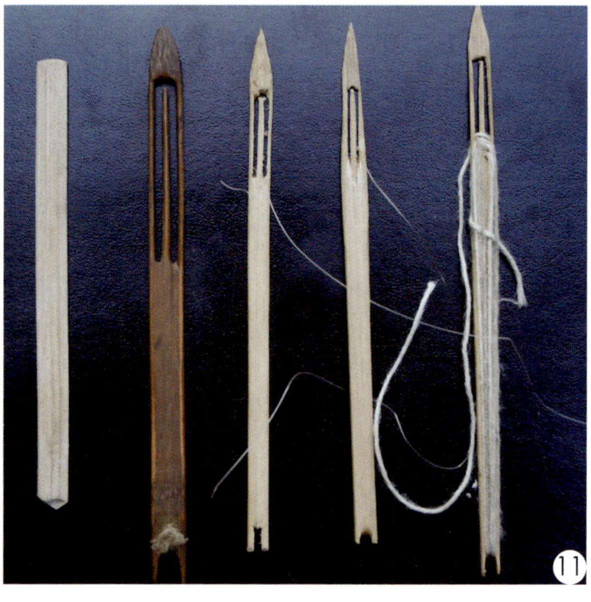
11

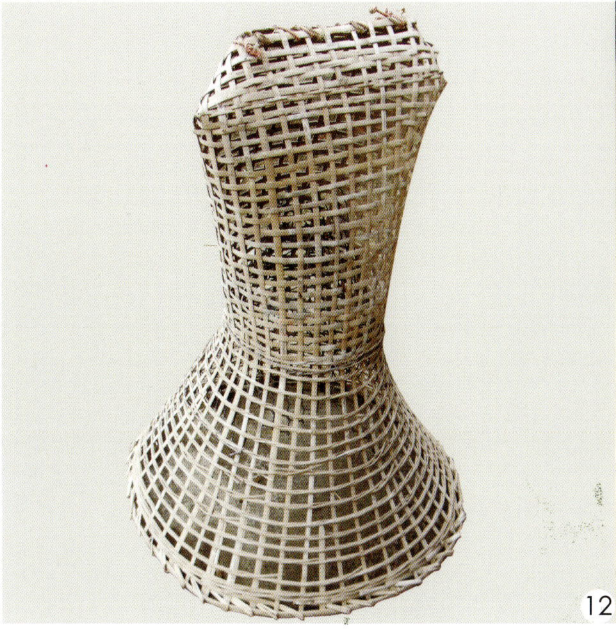
12

13

14

15

16

17

6. 竹砻　7. 带盖竹篮　8. 儿童推车　9. 竹箩筐　10. 竹筐套件　11. 竹梭、竹则
12. 竹罩　13. 竹斗笠　14. 竹筐　15. 竹婴儿床　16. 笊篱　17. 竹罩

其他设计工作室竹器

图片来源：张小开根据网络资料整理

1. 竹椅　2. 竹凳　3. 竹凳　4. 竹扶手椅　5. 竹凳
6. 竹凳（细节）　7. 竹凳　8. 竹凳　9. 竹台灯
10. 竹台灯　11. 竹灯　12. 竹钗　13. 竹镜　14. 竹镜

⑦

⑧

⑨

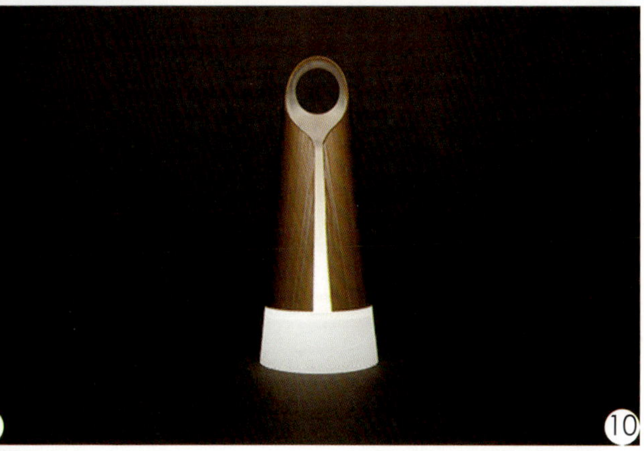
⑩

⑪

⑫

⑬

⑭

第20章 其他省、市、自治区竹器

20.1 北京竹器

北京竹器

拍摄：张小开、孙媛媛、潘璐（2015年）

1

1. 竹筏 2. 竹椅、竹屏风等 3. 竹家具装饰造型
4. 小竹架、小竹套篮 5. 竹篮／花篮 6. 小竹架

2

3

4

5

6

中华民族园白族竹器

拍摄：张小开、孙媛媛（2016 年）

1

2

3

4

5

6

7

8

9

10

11

1. 白族建筑　2. 竹筐、竹筛　3. 竹簸箕　4. 竹盘　5. 竹渔篓　6. 竹背篓
7. 竹筐　8. 竹筐　9. 竹耙　10. 竹筐　11. 白族常用竹器

中华民族园羌族竹器

拍摄：张小开、孙媛媛（2016 年）

1. 羌族建筑　2. 竹篓　3. 笊篱　4. 竹丝刷
5. 笊篱　6. 笊篱　7. 竹簸箕　8. 竹箩
9. 竹背篓　10. 竹背篓　11. 竹背篓
12. 竹箩　13. 竹箩　14. 双耳竹筐

1

2

3

4

5

6

7

8

9

10

11

12

13

14

中华民族园苗族竹器

拍摄：张小开、孙媛媛（2016 年）

1

2

3

4

5

6

1. 苗族门楼 2. 方竹篮 3. 竹橱柜 4. 方竹篮 5. 盛酒竹筒 6. 竹背篓 7. 竹罾
8. 竹渔篓 9. 竹簸箕 10. 竹筐 11. 竹筐 12. 竹筐 13. 竹根器（功能不详）

20.2 天津竹器

天津竹器

拍摄：张小开、孙媛媛（2015 年、2016 年）

1

1. 大型竹架 2. 大型竹架 3. 竹篱笆 4. 竹鸟笼

2

3

4

20.3 河北竹器

河北竹器

拍摄：张小开、孙媛媛（2016 年）

1. 竹篷帽 2. 竹帽 3. 竹帽 4. 竹帽内结构
5. 斗笠 6. 竹盘 7. 竹筐 8. 竹盘 9. 竹吊灯
10. 竹屏风

20.4 内蒙古竹器

内蒙古准格尔旗竹器

拍摄：张小开（2016 年）

1

1. 小提梁竹篮

鸣　谢

作者在写作本丛书过程中，先后得到以下协作单位、指导专家和热心人士提供的不同形式的帮助，在此谨向他们表示衷心的感谢！

协作单位（排名不分先后）：

中国竹子博物馆
蜀南竹海博物馆
南山竹海竹文化园
北京故宫博物院
台北故宫博物院
南京博物院
湖北省博物馆
贵州民族博物馆
湖南省博物馆
荆州博物馆
信阳博物馆
铜绿山铜矿遗址博物馆
瑞昌博物馆
四川省博物馆
南投县竹山文化园
南投县竹艺博物馆
中国竹艺城
上海竹产业博览会
中华民族园
云南民族村
丽江木府民俗馆
林芝八一镇尼洋阁
《竹子学报》杂志社
江南大学设计学院
江南大学设计科学与文化研究所
福建农林大学
南京林业大学
上海金融学院
天津城建大学
天津市城市艺术研究会
丹麦 VIA 大学学院
竹器图片被本书收录的竹器厂家
竹器图片被本书收录的竹器店

指导专家（排名不分先后）：

张福昌（江南大学）

过伟敏（江南大学）

李亮之（上海金融学院）

吴智慧（南京林业大学）

张清萍（南京林业大学）

董建文（福建农林大学）

吴良如（国家林业局竹子研究开发中心）

寻胜兰（江南大学）

王安霞（江南大学）

张　泰（江南大学）

李世国（江南大学）

尚金凯（天津城建大学）

Jan Uwe Wolff（丹麦 VIA 大学学院）

Torben Lundberg（丹麦 VIA 大学学院）

汤礼广（合肥工业大学出版社）

张秋玲（清华大学出版社）

孙学瑞（天津市政协）

牟　跃（天津师范大学）

热心人士（排名不分先后）：

黄映镭（无锡）

黄　河（广州）

张　迅（美国西雅图）

沈卓娅（广州）

张寒凝（无锡）

王庆斌（郑州）

沈　法（宁波）

李凌虹（苏州）

许继峰（南京）

植田宪（日本千叶）

赵英玉（日本神户）

陈立萍（宁波）

郭洪刚（天津）

华亦雄（苏州）

王　珊（青岛）

许衍凤（烟台）

赵熙斌（北京）

刘婷玉（六盘水）

张嘉诚（遵义）

皮永生（重庆）

陈　晨（天津）

蒋　兰（沈阳）

葛亚平（驻马店）

岳　婷（德宏）

唐　蓉（荆门）

吴　淼（焦作）

张宗登（株洲）

傅儒牛（天津）

张嘉琪（天津）

陆冀宁（重庆）

郭　菲（成都）

刘传兵（深圳）

陈庆军（上海）

吴振韩（南京）

顾媛媛（南京）

高锐涛（广州）

冯　鸣（大连）

李　鹏（南京）

任新宇（南京）

张　雯（苏州）

蒋　励（苏州）

吕太锋（青岛）

邵　丹（大连）

李巨韬（天津）

兰　娟（天津）

任文永（宁波）
郑　翔（武夷山）
巫远福（无锡）
丁荣纯（黄山）
夏柱仁（黄山）
夏　玲（合肥）
傅启华（建瓯）
何继新（天津）
殷陈君（天津）
王　璞（天津）
郑志恒（天津）
黄　迪（天津）
晋海燕（天津）
吴雪妍（青岛）
唐国庆（青岛）
张　月（天津）
赵　值（杭州）
孙　振（合肥）
李　娟（合肥）
王　磊（合肥）
孙婷婷（合肥）
孙冠荣（南京）
张　刚（南京）
董春华（天津）
王　珊（天津）
赵　丽（石家庄）
杨婧艺（杭州）
尹沛祯（天津）
张文静（天津）
张　希（天津）
赵宇耀（天津）
刘　薇（天津）
万　源（天津）
李诗楠（天津）
张乐乐（天津）
倪晓雨（天津）
王　娜（天津）